天国なんてどこにもないよ

関野和寛
Kazuhiro Sekino

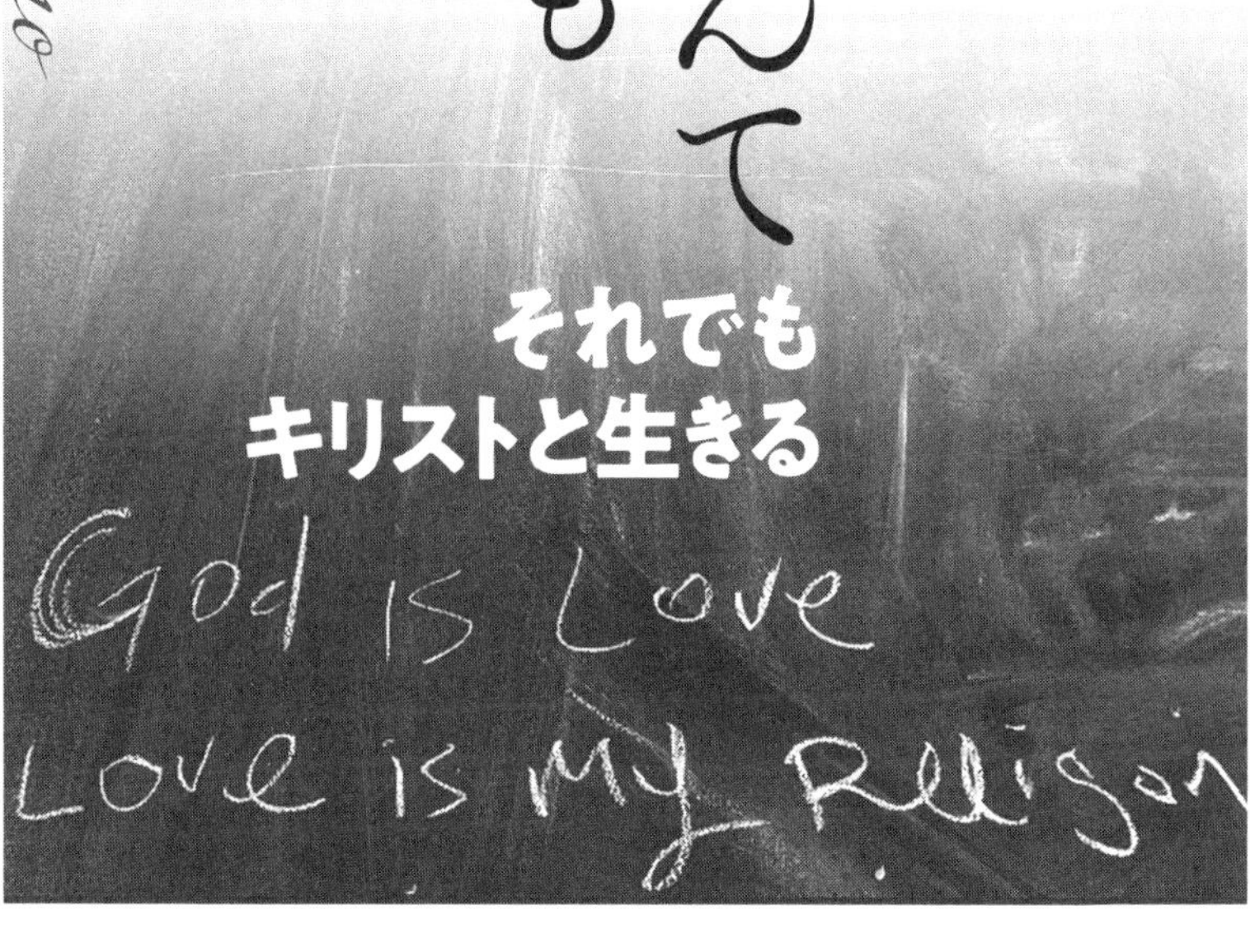
God is Love
Love is my Religon

それでも
キリストと生きる

JN124968

教文館

本書に掲載されているエピソードは、
プライバシーに配慮し再構成しています。

プロローグ　イエスはどこにいるんだ？

二〇二〇年七月、わたしはコロナウイルス感染爆発とブラック・ライブズ・マターからの大暴動に揺れるアメリカに渡ろうとしていた。外務省は渡航中止勧告を出し、飛行機の国際便の数はどんどん減っていった。そしてダメ押しのように、アメリカが自国経済を安定させるために外国人のビザを厳しく制限したのだ。わたしは絶望した。アメリカの病院で働く牧師、チャプレンの資格を取るために二年以上の準備を費やし、一四年間働いた教会を辞し、家を退去していたのだ。その中でいろいろなひとびとが励ましてくれた。一番多かったのは、「今は無理でも神さまの時があるから、大丈夫だよ」のようなことばだったが、申し訳ないが何の励ましにもならなかった。だが、そんな中でも励まし合えたのは、同じような困難の中で奮闘している名前も知らない外国人のひとたちだった。外野の声より、同じ状況のひとびとの呻《うめ》きが励ましになるのだ。

この世界には権力者や有識者、能力がある者には解決できない問題や病がある。そうしたいのちの深い闇や痛みを救ってくれるのは、自らも苦しんでいるひと、特に自分より苦しんでいるひとだ。苦しみの時に、自分より輝いているひと、成功しているひとを見続けるのはしんどい。けれども、同じ苦しみを持っている同志に出会える時、ひとは不思議と安心をするものだ。

ある時、新宿歌舞伎町の裏町、新大久保の教会でのわたしの活動が民放テレビのゴールデンタイムのニュースで放送された。あるひとびとはこの上なく喜んでくれた。牧師の活動がテレビで報道されることは滅多にないからだ。けれども、一部のひとびとはテレビに出たわたしを激しく批判した。「テレビに出ることは布教ではない！」「教会の仕事をしないで、メディアの仕事ばかりしている！」「テレビ局から金を貰っている、闇営業だ！」と言い出し、投書してきた者もいた（どちらかと言えば光の営業だと思うが）。批判者は皆身内のクリスチャンたちだった。このような反応があることは想定していたが、いざ批判されるとやはり最悪の気分にさせられた。

そんな批判をされた次の日、わたしは歌舞伎町の公衆便所で用を足していた。すると隣にホームレスのおっちゃんがやってきて用を足し始めた。訳もなく嫌な気分になった。しかもおっちゃんは用を足しながらわたしの顔を覗き込んできたのだ。ただでさえムカついているのに、顔を覗き込まれてわたしはますますイラついた。そのとき、おっちゃんがわたしに、「あれ、昨日のテレビに出てた牧師さんだよね⁉　サウナで見てたよ！　がんばってるね！　世の中良くしてくれよ！」と一言！　衝撃が走った。彼は見ていてくれたのだ。彼はわたしを見つけ、この上ないエールを送ってくれたのだ。彼はわたしにとってのイエスだった。

見るべき面影はなく
輝かしい風格も、好ましい容姿もない。
彼は軽蔑され、人々に見捨てられ
多くの痛みを負い、病を知っている。
彼はわたしたちに顔を隠し
わたしたちは彼を軽蔑し、無視していた。
彼が担ったのはわたしたちの病
彼が負ったのはわたしたちの痛みであったのに

（イザヤ書五三章二―五節）

救い主イエスはひとびとから蔑《さげす》まれ、見下されるような存在であるとイザヤ書は預言していた。地上にやって来たイエスは担ぎ上げられたあと、引きずり下され、惨めな晒《さら》し者のように殺された。この聖書が語るイエスの姿を歪《ゆが》めているのが、歴史を通してわたしたちに刷り込まれた虚像のイエスだ。まずイエスは金髪で青い目の西欧人ではない。イエスはユダヤ人、地理学的に言えばアジア人だ。イカしたロン毛でも細マッチョなイケメンでもなかったはずだ。イエスは大工の家で育った。自らも炎天下のなか肉体労働を続けた身体、日焼けした顔、黒色の目と髪、ひとびとが思い描くようなルックスでは決してなかったのだ。一言で言えば土方のおっちゃんだ。

さあ壊れたか、イエスのイメージが！　勇気をもって今までに刷り込まれたイエスの虚像を捨てよう。イエスはアジア人、かつ、ストリートのおっちゃんなのだ。だから、ここに気がつかなければ、何十年教会に通おうが、どんなに聖書を研究しようが、ナザレの大工出身のイエスに出会えない。そしてわたしたち自身のカッコつけたメッキが剥がれる時、病気になる時、弱くなる時、バカにされる時、わたしたちはこの本物のイエスに出会えるのだ。

さっきわたしは、「苦しみの中にいる時は同じ状況にいる者同士が助け合える」という意味のことを言ったが、このことばさえも偽善だった。批判覚悟で大胆に言うが、わたしたちは同志ではなくて見下せる誰かを探しているのだ。他人の不幸は蜜の味、苦しんでいる誰か、失敗している誰かを見て、「わたしでなくてよかった」「わたしはまだ大丈夫」、そのような悲しい安心を求めている。

わたしは公衆便所で出会ったホームレスのおっちゃんを無意識のうちに見下していた。用を足している時に顔を覗き込まれた上に、話しかけられた瞬間は不愉快だった。だが、そのことばはわたしの想いをひっくり返し天に引き上げた。わたしが見下したその先で、圧倒的な優しさをもって待っていてくれたのだ。

ひとは強烈な光など見上げ続けられない。ひとは下を見ていたほうが安心する。そのような悲しさとひとの哀れさを知っている神は、イエスを憐みの極み、底辺に送った。イエスは、馬小屋のような場所でホームレスのように生まれた。そしてすぐにいのちを狙われ、エジプトに亡命したイエスは難民でもあった。現実を見れば明らかなように、神もイエスもこの世界を救えない、変えることもできない。戦争だってなくならないし、社会構造もちっともよくなりはしない。だが神は誰かの中に宿っている。ホームレスのように生まれ、難民にさえなったイエスは、今日もそのようなひとびとと共に苦しんでいる。そのようなひとびとの中にこそ神はいる。

大工出身の庶民であるイエスが、布教の旅で出会い愛したのは、病人、税金取りや娼婦、社会的に軽蔑されているひとびとだった。まさにわたしが新大久保の教会、歌舞伎町の裏で出会ったひと、依存症のひと、風俗店で働くようなひとびとだ。一見社会から軽蔑されるようなひとびと、でも皆ピュアだった。誰よりも神を求めていた。そして彼らの中にいるイエスが、わたしを何度も救ってくれた。

イエスは輝かしい天国などにはいない。遥かかなた、雲の上の天国からこの滅茶苦茶な世界を見下ろしている神なら、わたしは絶対に信じない。けれども、イエスは降りて来る。一番低いところ、誰も届かないほど低い場所に落ちて来てくれた。そして最後は妬《ねた》まれ、大切なひとびとに裏切られ十字架刑でいのちを奪われた。わたしはそのようなイエスの姿に神を見る。

そしてこのイエスは、あなたが病で絶望している時、一緒に病気になっている。あなたがバカにされ軽蔑されるような時、イエスも一緒にあざけられている。誰にも絶対理解されない絶望の中にあなたがいる時、ズタズタでボロボロにされたイエスだけはあなたの痛みを理解している。

そして、イエスは今日もいる。ひとを妬み妬まれ、ひとを傷つけ傷つけられ、そしてひとを見下すこんな卑しいわたしの中にもイエスはいる。

目次

I　神は信じるものではなくて疑うもの

II

神さま、こんなわたしを救ってよ！

III

絶望よ、さあ、かかってこい！

装丁　桂川　潤

I

神は信じる
ものではなくて
疑うもの

#1

イエスは折れたぶどうの木

《ヨハネによる福音書一五章一―七節》

日本でキリスト教をはじめ、宗教が胡散《うさん》臭く怪しく見られるひとつの原因は、負の側面を見せていないからだと思う。良いところばかりを見せて無理にニコニコして、自分たちは何か真理を知っているかのような偽善者面を社会のひとびとはとっくに見抜いている。キリスト教の名の下に歴史を通して数え切れないほどの戦争が起きてきたし、聖書の中にこそ、戦争、殺人、人種や性差別などで満ち溢れている。イエスの物語にだって、矛盾や理不尽さがたくさんある。それなのに、それらを隠して良いところばかりを語り伝えようとするから逆に世間から取り残されるのだ。

イエスのぶどうの木のたとえ話などが特にそうだ。「わたしはぶどうの木、あなたがたはその枝である。人がわたしにつながっており、わたしもその人につながっていれば、その人は豊かに実を結ぶ」。キリスト教のポストカードやカレンダーにはこの聖書のことばがよく使われている。このことばを用いた讃美歌もたくさんある。だが、いずれの作品も都合の悪い部分を隠している。イエスはこのぶどうの木のたとえ話の後半は、「もしあなたがたがわたしにつながっていないのであればあなたがたは切り取られて棄てられて、そして枯れ果てて焼かれるのだ！」と、脅迫的で恐ろしいことを伝えているのだ！　もしここまでポストカードに入れられれば見事だ。わたしは躊躇《ちゅうちょ》なく買う！

実際にイエスは何度も何度も言ったのだ、「お前たちはわたしを離れたら何にもできない。枯れるのだ。そして焼かれるのだ！　だからわたしを信じてわたしにつながっていなさい！」と。現代ではこのような不穏なことばはあまり語られないが、逆に中世までの時代、このような脅迫的なことばから地獄を恐れ、イエスを信じたひとがたくさんいた。ヨーロッパの古い教会などに行くと壁一面に地獄絵図が描かれていることがある。当時、来世で天国に行けることが、苦しい時代を生きるひとびとの希望でもあった。だが今の時代に地獄行きの恐怖や世の終わりの不安を煽《あお》り信じさせるのは、本物の宗教、本当の救いにはなり得ない。恐怖と不安でひとのこころを操るのはカルトや怪しげなスピリチュアルグループの常套手段だ。

だがわたしもわたしで自分勝手な偏りで聖書を読み、それをひとに教えてきた。脅迫的なことばや矛盾、自分に都合が悪い聖書のことばを隠してひとに伝えてきた。今でも無意識にそうしていると思う。そして毎週、毎日、ひとにぶどうの木であるイエスを信じ、つながることを勧めている。だがそう語っているこのわたしは、イエスとつながっている確信がないのだ。もっと言えば、つながっていても豊かな実、報酬があるとは思えないのだ。なのになぜ、わたしはひとにイエスを伝えるのだろうか。わたしはペテン師なのだろうか。

きっとキリスト教界の伝統、教理、ひとびとの柵の中で聖書が伝えていること、そしてそれを伝えている矛盾を疑うことさえできない思考停止状態になっていたのだと思う。

牧師になった一五年前のあの日、わたしはイエスとつながり希望に満ち溢れていた。多くのひとびとを救えると信じていた。どこへ行っても豊かな実を実らせることができるような気がしていた。でもあれから時が流れ、あの日の希望は残念ながらこれっぽっちも残っていない。牧師人生の中で自分に失望し、ひとびとを傷つけ傷つけられ、今わたしは枯れ果てた木の枝のようになっている。それでも聖書を読んで礼拝を執り行い、一瞬は気持ちが満たされる時もあるがその喜びがすぐに消えてしまう。毎日教会にいるのにむなしいのだ。イエスを忘れ、自分の欲や不安にこころが駆られ、そして魂はカラッカラになる。

わたしはイエスにつながるぶどうの枝どころか、逆にイエスから離れた枯れたぶどうの枝だ。苦しいことがあった日、試練に襲われている日々はなおさらそう感じる。そしてこう感じるのはわたしだけではないはずだ。イエスを必死に求めて、イエスというぶどうの木につながっているにもかかわらず、苦しんでいるひとびとをわたしはたくさん見てきた。実を一粒実らせるどころか葉っぱ一枚を生やすこともできず、地に落ちて枯れていくひとをたくさん見てきた。

「わたしはぶどうの木。あなたがたはその枝。わたしにつながっているならあなたがたは豊かな実を結ぶ」。きれいなことばだ。その通りだったらどれだけいいだろうか。でもわたしはそうではない。わたしは枯れ果てたぶどうの枝。カラッカラに枯れている。
そしてイエスの弟子たちもきっとそうだったはずだ。イエスが十字架で処刑されてしまったあの日、全員の弟子たちがイエスを棄てて逃げていった。イエスの一二人の弟子、一二本あったはずのぶどうの枝は十字架という嵐の中ですべてへし折られたのだ。イエスの弟子でさえそうなってしまったのだ。だとしたら、もっと弱いわたしたちが見えないイエスというぶどうの木につながり続けることなどできるはずがない。嵐のような試練が襲ってくれば、すぐにへし折られてしまう。不安という小さな風が一つ吹いただけでも、折られてしまうほどにわたしのこころは弱いのだ。

それでも聖書のことば、イエスのことばにもう一度耳を傾けてみる。乾いた大地に生える、とっても細いけれども地を這い天に向かって伸びていくぶどうの木を思い浮かべてみる。目を閉じると、悲しみに揺れる一本のイエスという細いぶどうの木が見えてくる。イエスは一二本のぶどうの枝すべてが折れることを知っていた。そして、時代を超えてイエスを信じるひとびと、その枝がすべて弱く儚《はかな》いことを知っていた。「絶対にわたしから離れるな」と言いつつ、誰もが折れて、誰もが自分から離れてしまうことをイエスは知っていた。

　だからこのぶどうの木の話の最後にイエスは言ったのであろう、「わたしはあなたの友だちだ。そして、わたしは友であるあなたのために生命を捨てる。わたしがどれほどあなたたちを愛しているか」と。イエスは裏切られること、大切な弟子たちに捨てられ、木と枝が離れ離れになることを知っていたのだ。だから何度も言った、「わたしはあなたがたを愛している」「それでも愛しているよ」と。細いぶどうの木、イエスは言った、「あなたがたがわたしを選んだのではない、わたしがあなたがたを選んだ。だから、出かけて行き実を結べ」と。そう、弟子たちは自ら離れていくが、イエスはその手を弟子たちから離さない。イエスが選んだ一人ひとりであり、何があってもつながり続ける友であり、大切なぶどうの枝なのだと。そして、イエスはその枝のためにいのちをかけたのだ。

　イエスというぶどうの木は、最後に十字架の上で切り倒された。十字架の上で「渇く」と言って死んでいったイエスは、まさに切り倒され、血も涙も流し切り、干からびたぶどうの木になった。そのようなイエスの姿を感じる時、イエスの声がきれいごとでなくていのちのことばとなって魂に届いてくる。

「もしあなたがたがわたしにつながっていないのであれば、あなたがたは切り取られて棄てられて、そして枯れ果てて焼かれるのだ！」。これは脅しでも忠告でもなかった。イエスの愛の覚悟だったのだ。「あなたたちはわたしから離れたら、何もできず枯れ果ててしまう。だからこそ何があってもわたしは絶対にあなたたちを離さない！」。絶対に変わらないイエスの愛の決意なのだ。イエスよ、だからあなたはその後、「あなたたちを選んだのはわたしだ！」「わたしはあなたたちの友だ！」「わたしはあなたたちを愛している！」と、何度も何度も重ねて言ったのだろう。

イエスよ、あなたは不器用だ。真逆のことを言っていたり、遠回しだったり、本心が分からない発言ばかりだ。でも、今分かった。カラカラに枯れた今、信仰が枯れそうな今、やっと分かった。あなたは痛いほどに、自分が枯れるまで愛を叫び続けていたのだろう。あなたがどうしても伝えたかったことは「わたしは何があっても絶対にあなたを離さない！」この一言なのではないか。

今わたしは枯れたぶどうの枝、折られて地に落ちて今にも焼き捨てられそうな一本の枝になっている。でも、十字架の上でへし折られたイエス、あなたはその手をわたしから離さなかった。イエスを忘れ、イエスを棄て去るわたしたち、でもあなたは絶対にその手を離さなかったのだ。ずっとずっと。そのことに今気がついた。だから、わたしは今日もここにいるのだ。そんなあなたに摑《つか》まれ、選ばれ、愛され、そしてそんなあなたが友でいてくれるなら、わたしはまだ枯れてなんかいない。きっとまだ大丈夫なはずだ。

「わたしはまことのぶどうの木、わたしの父は農夫である。わたしにつながっていながら、実を結ばない枝はみな、父が取り除かれる。しかし、実を結ぶものはみな、いよいよ豊かに実を結ぶように手入れをなさる。わたしの話した言葉によって、あなたがたは既に清くなっている。わたしにつながっていなさい。わたしもあなたがたにつながっている。ぶどうの枝が、木につながっていなければ、自分では実を結ぶことができないように、あなたがたも、わたしにつながっていなければ、実を結ぶことができない。わたしはぶどうの木、あなたがたはその枝である。人がわたしにつながっており、わたしもその人につながっていれば、その人は豊かに実を結ぶ。わたしを離れては、あなたがたは何もできないからである。わたしにつながっていない人がいれば、枝のように外に投げ捨てられて枯れる。そして、集められ、火に投げ入れられて焼かれてしまう。あなたがたがわたしにつながっており、わたしの言葉があなたがたの内にいつもあるならば、望むものを何でも願いなさい。そうすればかなえられる」。

《ヨハネ福音書15・1―7》

＃2

クリスチャンにならずともキリストを信じる

《マタイによる福音書二章一―一二節》

「クリスマスは教会へ！」

クリスマスになると、教会のホームページ、看板、チラシに必ず謳《うた》われるこの決まり文句がわたしは嫌いだ。世間のひとびとが祝っているクリスマスは偽物で、本物のクリスマスはキリスト教会にしかないというような無意識の欺瞞《ぎまん》をそこに感じるからだ。

だから、わたしは毎年クリスマスに教会内外ではっきり言い切ることにしている。「クリスマスは一二月二五日ではないし、キリスト教会でクリスチャンだけで祝うものではない。むしろクリスチャンでないひとびとのためにあるのだ」と。この世界ではじめてキリストの誕生を祝ったのは、東の国から来た学者・博士たちだった。当時のユダヤの宗教理解と社会背景からすれば彼らは救われるはずのない外国人の異教徒たちだったのだ。皮肉なことにイエスはユダヤの国の救い主であったはずなのに、当のユダヤのひとびとはまったくといっていいほどそれを喜んではいない。ユダヤのヘロデ王たちは自分たちの立場が脅かされる不安さえ感じ、生まれたばかりのイエスを抹殺するために、その地域にいた二歳以下の男の子たちを皆殺しにするのだ。クリスマスとはなんと残酷で悲しい出来事だったのだろうか。救い主イエスの誕生を祝うべきひとびとがそれを祝わないどころかまだ赤ん坊であるイエスを抹殺しようとした。逆に差別されていた外国の異教徒たちがイエスの誕生をこころから喜んだのだ。

キリスト教界の伝承はこの博士たちを聖人のように扱い、彼らの遺骨はドイツのケルン大聖堂に今も祀《まつ》られているという。だがわたしは彼らがクリスチャンになったとは思わないし、そのような伝承は真実を歪めるとさえ感じている。真実はただ一つ彼らはあの日イエスと「出会った」ということだ。そして純粋にイエス誕生をこの上なく喜んだのだ。そして彼らは自分たちの国、文化、宗教に戻って行ったのだ。彼らは洗礼を受けたわけでもないし、罪の赦《ゆる》しやら愛やらを受けたわけではない。何もできない赤ん坊イエスとただ出会った。ことばや理屈ではない、ただ出会い、そしてただ喜びが溢れたのだ。それが最初のクリスマスだった。そんな理屈を超えた出会いこそが、本当のクリスマスではないだろうか。

そしてこの現象は現在も起きている。少なくともわたしはキリスト教会内のひとびとよりも外部のひとびとの方が純粋にイエスに向き合う姿を何度も見てきた。わたしにはこの物語と同じように必ずクリスマスに礼拝にやって来る親友のお坊様がいる。彼は仏教の僧侶として生きつつも、イエス・キリストに憧《あこが》れている。僧侶を続けながら、それでもイエス・キリストをどこかで求めているのだ。彼との出会いは、わたしにとって本物のクリスマスとなった。この僧侶は実は洗礼、聖餐《せいさん》式を受けることさえこころのどこかで求めている。けれども宗教の戒律上それができないことを知り、礼拝堂の隅でじっとクリスマス礼拝で行われるそれらの儀式を一心に見ている。そして、どのクリスチャンよりも真剣にわたしの話に耳を傾けてくれる。

大胆に言うが、まさに最初のクリスマス、救いを待っていたはずのひとびとがイエスの誕生を喜ばず逆に抹殺しようとし、一方で外国人・異教徒たちがイエスを喜んだ、それと全く同じ現実をわたしは今日ここに見るのだ。そして、救いとは何かをここに見るのだ。

この外国の博士たちは、本当にキリストと人生一度、たったの一度、でも忘れられない出会いをした。東の国から何百キロ先のベツレヘムまで、しかも彼らはグーグルマップはおろか、方位磁石さえ持っていなかった。彼らの道しるべは突如現れた星だけ。それを追って砂漠の中を旅したのだ。星を追ったのだから、進むことができたのは夜から夜明けのみ。しかも、盗賊や野獣からの襲撃の危機がそこにはあったのだ。何度も危険に直面したはずだ。「道が間違っているのではないか」「引き返そうか」と何度も迷ったはずだ。

仲間割れだって何度もあったであろう。そしてある夜、追いかけ続けた星がついに止まったのだ。急いで星の下に行けば、王宮でも神殿でもない、ただの家の中にマリアに抱かれた赤ん坊のイエスを見つける。到底そこは世界を変えるＶＩＰがいるような場所ではなく、護衛もひとりもいない。家のドアを開けた瞬間博士たちが見たのはありふれた村出身の三人の親子の姿だった。その平凡さに、本当ならば「間違えた！」とその場をすぐに去るのではないだろうか。

けれども彼らは喜びに満ち溢れたと聖書は語る。なぜ目の前にいる赤ん坊が救い主だと分かったか、その理由を聖書は記していない。また、赤ん坊の救い主は長旅をして来た博士たちに何かをしたわけではない。いや赤ん坊だから何もできないのだ。だが逆に、その赤ん坊を見た博士たちが自分たちの宝物を差し出してしまうのだ。

理由はただ一つ、出会ったのだ。キリストを信じたとか、理解したとか、そのようなものではない。出会うはずのない対極にいる者たち同士が出会ってしまったのだ。それがクリスマスだ。「クリスマスにイエスに出会った彼らは真理を知り、救われた」とか、そのような宗教的こじつけはいらない。

だが救い主に出会ったばかりの彼らをさらなる危機が襲う。イエスのいのちを狙うヘロデ王に、「イエスを見つけた」ことを彼らは報告しなければならなかったのだ。けれども彼らは「ヘロデのもとに行くな、自分の国に帰れ」と夢でお告げを受ける。そして、彼らは地域の最高権力者ヘロデの命令を無視し、自分たちの国に帰って行く。それ自体も危険だが、さらなる恐怖の知らせが彼らの耳にも届いたのではないのか。ヘロデ王が怒り狂い、その地方一帯にいた幼子たちを虐殺したと。博士たちは悩み苦しんだ。「もし、自分たちがヘロデにイエスのことを伝えていたら、何百、何千人という子どもたちが死なないですんだのかもしれない」と。クリスマスはハッピーエンドでは終わらない、むしろこの世界はクリスマスを祝っても、未だ混乱と苦しみを増していくのだ。それは今日も同じことだ。

そしてこの博士たちは戻った母国で時おり、あの日出会った赤ん坊イエスのことを思い出していたのではないか。もし、彼らがその後三〇年生き続けたのであれば、イエスの噂を母国で聞いたかもしれない。あの日出会ったあの子が今、病のひとびとと、罪人と呼ばれるひとびとに手を差し伸べ救っている。博士たちのこころは再び喜びで溢れたのではないだろうか。

そしてその数年後、博士たちはあのイエスがまたしても権力者たちに妬まれ、疎《うと》まれ、十字架で処刑されたと衝撃的なことを聞き激しく失望したのではないか。けれどもしばらくして博士たちはさらなる衝撃的な出来事を聞いたのではないか！　殺されたイエスが復活したと！　そして年老いた博士たちはその日のように大きな喜びに満たされたのであろう、「やはりあの子は救い主だった！」と。遠い国からもう二度と会いに行けない、けれども決して忘れないあの日の一期一会の出会いがこころの中で蘇ったのだ。三〇年以上前に遠い異国から旅をしてやっと救い主に出会えた喜びの物語の続きが始まっていくのだ！

「クリスマスは教会で」などと場所と時を限定している場合ではない。「クリスマス」とは出会いなのだ。宗教的に、民族的に、政治的に出会うことのないひとととひととが、そして神とひととが出会う時なのだ。そしてその出会いが今日も荒れ狂う世界とわたしたちに必要なのだ。

イエスは、ヘロデ王の時代にユダヤのベツレヘムでお生まれになった。そのとき、占星術の学者たちが東の方からエルサレムに来て、言った。「ユダヤ人の王としてお生まれになった方は、どこにおられますか。わたしたちは東方でその方の星を見たので、拝みに来たのです」。これを聞いて、ヘロデ王は不安を抱いた。エルサレムの人々も皆、同様であった。王は民の祭司長たちや律法学者たちを皆集めて、メシアはどこに生まれることになっているのかと問いただした。彼らは言った。「ユダヤのベツレヘムです。預言者がこう書いています。『ユダの地、ベツレヘムよ、お前はユダの指導者たちの中で決していちばん小さいものではない。お前から指導者が現れ、わたしの民イスラエルの牧者となるからである』」。

そこで、ヘロデは占星術の学者たちをひそかに呼び寄せ、星の現れた時期を確かめた。そして、「行って、その子のことを詳しく調べ、見つかったら知らせてくれ。わたしも行って拝もう」と言ってベツレヘムへ送り出した。彼らが王の言葉を聞いて出かけると、東方で見た星が先立って進み、ついに幼子のいる場所の上に止まった。学者たちはその星を見て喜びにあふれた。家に入ってみると、幼子は母マリアと共におられた。

彼らはひれ伏して幼子を拝み、宝の箱を開けて、黄金、乳香、没薬を贈り物として献げた。ところが、「ヘロデのところへ帰るな」と夢でお告げがあったので、別の道を通って自分たちの国へ帰って行った。

《マタイ福音書2・一一～12》

#3

信仰など持っちゃならない。いや持てないんだ

《ルカによる福音書二二章三一―三四節》

「もう少し教会に通ってから洗礼を受けます」「聖書をすべて読んでもう少し理解してからクリスチャンになりたいです」。そのような声をよく聞く。そのような時、わたしは決まってこう答える。「待っても大して意味はありませんよ」「聖書を全部読むとさらに信じられなくなりますよ」と。「教会に通っても清いひとにはなれません、むしろどんどん自分の本性が見えて失望しますよ！」とさえ伝える。別に悪ぶっているわけでも極端なことを言っているわけでもない。実際そうだと思っているだけだ。少なくともわたしはそうだったし、今もそうなのだ。

わたしも洗礼を受けて毎日聖書を読み、長い時間祈り、より良い人間になろうとした時期があった。けれどもそうはなれなかった。そして神学校を卒業し、牧師になってからもそのように願い行動していた時期があった。より良い牧師になり、尊敬され、自分で納得する牧師になろうとした。けれども無理だった。信仰的で清く正しくなろうとしても、見えてくるのは神を神、ひとをひとをとも思わないような薄汚い自分中心の欲ばかりだった。実際、わたしの人生の中での過ちの多くは、クリスチャンになってから犯してしまったものだ。

それでも理想を追いたくて、憧れだったインドのカルカッタにあるマザー・テレサが創設した「死を待つ人々の家」に出向き、ボランティアをさせてもらったりもした。カルカッタの修道女たちと共に道端に捨てられていたひとびとのお世話をさせてもらい、その時は「これこそキリスト教の働きだ！」「このようなことをする牧師になりたかったのだ！」と激しくこころは燃え上がった。

けれども、そのような感激は時間と共に薄れていってしまった。東京に戻れば目の前にいる助けが必要なひとびとを無視し、日曜日はそのような自分を隠しながら「愛」や「平和」をひとびとに説く偽善者にわたしは一瞬で戻った。このようなことを何度も繰り返し、わたしの魂はすり切れ、自分が本当に神を信じているのかさえ分からなくなってしまったのだ。信仰者として、また牧師としては最悪の精神状況に陥った。次第に「キリスト教なんてまがい物だ」「牧師など何の意味もない生き方だ」と失望しはじめてしまった。

だがこのような中で、イエスが信仰を失ってしまう弟子たちを予見して語った聖書のことばに出会った。「だから、あなたは立ち直ったら、兄弟たちを力づけてやりなさい」。イエスの声は最悪の状況の時にこそ響いてくる。そう、信仰者は必ず倒れるのだ。そして、信仰者の信仰は消えかける、いや消えるのだ！　けれども、そこでイエスがわたしの信仰が消え切らないように祈り続けてくれて、そしていつの日かわたしはまた立ち上がれると聖書は語るのだ。つまり倒れないのが信仰者なのではなくて信仰者とは迷い倒れる者、そして信仰とは消えるものなのだ。そしてそこからが本番、いつか時が来て起き上がれる。その時に完全に消えていなかった何かを見つける。それが信仰だ。そして一度倒れた者が今倒れている者に手を差し伸べることができる。

わたしはこのイエスのことばに出会い本当の意味で救われた。このことばがあり続けるから、今日も牧師ができている。同じような精神状況になっている牧師や信者は多いと思う。自分はクリスチャンだからといって、また牧師だからといって、何かに囚《とら》われ無理をして聖人君子を演ずる必要はなく、誰よりもありのままのひとであって良いと思っている。ましてや本当の自分を隠し自分以外の何者かになろうと偽るのであれば、それこそ裏も表も含めてこの自分を造った神への冒瀆《ぼうとく》ではないかとも思う。

そうではなく、表も裏もあるひととして聖書の世界に入る時、はじめて聖書の中に描かれている人間に出会える。そして、聖書に書かれている人間に出会う時、わたしも本当の自分になれる。あやまちや弱さに満ち溢れた本当の人間、汗と涙と罪の匂いがする人間に戻れる時にこそ、はじめて魂を揺さぶるイエスのことばに出会うことができる。

イエスの死が近づいてきた最後の時、何かが起こることを察したペトロは「あなたと一緒なら牢に入ってもいいし、死んでもいい」と言った。けれども、そのことばは一瞬で嘘になる。イエスが最後に権力者たちに捕らわれて処刑されてしまう時に、ペトロは命をかけてイエスを守ることなどできず、一目散に逃げだす。そのような最後を全く予測できなかったペトロはカッコいいことばを言い放った、「あなたのためなら死ねます！」。だがそれは一瞬で嘘になった。

クリスチャンと同じだ。牧師と同じだ。そして、このわたしと同じだ。何かを分かったかのようなそぶりをし、何かを知っているかのような、何かができるかのようなことばを発する。けれども、すべては嘘になる。すべて嘘になり、木っ端みじんに散っていくのだ。でもそれが現実であり、それで良いと思う。だからこそ、そこにイエスのことばが響き渡るのだ。

イエスは、自分が選んだ弟子ペトロの弱さを知っている。そして、自分を見棄てて逃げていくペトロのことを見越している。そしてイエスは、自分を捨て去るペトロに怒りをぶちまけたり説教をしたりせず、そのいのちを包み込むのだ。「お前は悪魔に乗っ取られるかもしれない。いやそうなる。でも、だから、いやそれでも、お前から信仰がなくならないように、わたしは神に祈った。だから立ち直ったら今度はお前が仲間を助けろ」と。なんと凄《すご》いことばだろうか。ペトロの過去、現在、未来、弱さ、そしてその向こうにある尊さを照らすいのちのことばだ。「ペトロ、お前の信仰は消えかけている。いや、もう自分では信仰がなくなったとさえ思っているだろう。いろんなひとの声に振り回されて、批判され、自分の理想を追うことにも疲れ、もう何を信じているかさえ分からなくなっているのだろう」と。「でもそれでいいんだよ。いろいろなことが起きて教会や周りのひとびと、そして自分さえ嫌になり、信仰までなくなってしまいそうになる。でもなくならないんだ。だってわたしが祈っているから。そしてもうすぐそこから立ち上がる。そうしたら、今度はお前が同じように落胆している仲間を励ましてやってくれ」。この声を、今日このことばを、自分へのメッセージとして聞くことできたのであれば、わたしは救われる。真実のイエスのことばが、生身の人間であるわたしに響いてくるのだ。

だがそのように言われたことばさえ、ペトロは分からなかった。理解できなかったのだ。一番弟子のペトロ、イエスの真横にいたペトロが分からないのだから、わたしたちに分かるはずがない。けれどもイエスのことばは、人間のメッキが剝がれ、何もかも分からなくなり、何もできなくなり、沈み込み底打ち体験をする時にはじめて響いてくる。

イエスは知っていたのだ。ペトロのこころが悪魔に奪われること、信仰がなくなること、そしてイエスを見棄てて逃げ出すことのすべてを。そしてその後、弟子の資格などなくなるほど自信を失い、閉じこもり引きこもってしまうことの全部を知っていたのだ。だからこそ、「何があってもお前から信仰はなくならない。そのためにわたしは祈っているのだから」と、イエスはペトロに伝えた。そしてその通りになった。ペトロはこの後、坂道を転げ落ちる。イエスを見棄て、弟子の資格を失い、何も持っていないただのひとになる。これまで信じてきたもの、積み上げてきたものが一瞬でなくなる。ペトロが持っていた信仰などは跡形もなく吹き飛んだ。けれども、イエスがペトロを離さなかったのだ。イエスがそれでもペトロを見棄てなかったのだ。

信仰とは、強い意志を持った清く正しい者が持てるものではない。また、宗教的真理を勉強し追究して手に入れるものではない。むしろ、その真逆だ。積み上げてきたもの、過信している自分が崩れ、信じようとしている神や未来さえなくなってしまった時に、そこにそれでも残っているものではないだろうか。もしくは自分が汚れ、破れ、カラカラに渇いたボロ雑巾《ぞうきん》のようになった時、そこに注がれる一筋の水のようなもの。すっとただただ沁みわたってくるもの。ボロ雑巾のままできれいになどならずに、それでも潤《うるお》い、そして蘇《よみがえ》っていくものではないだろうか。

だから、信仰を失いそうなひとに言いたい。「あなたは順調だよ！」と。信仰を失ってしまった、と感じているひとびとに言いたい。「いいよ、その状況がいい！」と。少なくともわたしはそう自分に言い聞かせている。

「シモン、シモン、サタンはあなたがたを、小麦のようにふるいにかけることを神に願って聞き入れられた。しかし、わたしはあなたのために、信仰が無くならないように祈った。だから、あなたは立ち直ったら、兄弟たちを力づけてやりなさい」。するとシモンは、「主よ、御一緒になら、牢に入っても死んでもよいと覚悟しております」と言った。イエスは言われた。「ペトロ、言っておくが、あなたは今日、鶏が鳴くまでに、三度わたしを知らないと言うだろう」。

《ルカ福音書22・31―34》

#4

救い主とか、そういうのいらないんだよね

《ルカによる福音書五章一―一一節》

「なぜ、神さまなど信じているの?」「どうしてそんなに苦しんでまで牧師を続けられるの、給料だって良いわけではないのに」。よくこう聞かれる。昔はそのような質問に少しムキになって神が存在していることの証明や、いかにクリスチャンとして生きることが素晴らしいかを語っていた。だけれども今はそんなことは一切しない。神が存在することの証明などできないし、聖書は矛盾だらけ。もっと言えばこんなに理不尽な世界の只中で神がすべてを治めているなど、ことばにすればするほど空しくなる。

牧師はたしかにやりがいがある、けれどもそれと同じだけ理不尽なことを経験し続ける。ひとびとの喜怒哀楽、特にやり場のないネガティブな感情をいきなりぶつけられるサンドバッグのような存在だ。だからわたしは「神さまを信じていれば何があっても安心して生きられる」などの上辺だけのきれいごとを語らない。いちクリスチャンとして信仰が冷めている日もたくさんある。なぜこのような状況になってしまっているのにそれでもわたしはクリスチャン、そして牧師を続けられるのか? その答えはひとつしかない。それは出会ってしまったからだ。

ひとは何らかの条件の下で誰かと一緒にいるのであれば、その条件が変わればそのひとと一緒にいなくなる。けれども条件やメリットを超えたところで出会ってしまった仲間とは生涯を共にできる。わたしやわたしの友だちは愛すべきおろか者ばかりだ。こんなおろかなわたしを心底応援し時間を共有してくれる仲間たち。彼らはわたしのダメなところを愛してくれているし、その逆もしかりだ。そしてイエスというひともわたしが出会った友だちの一人だ。イエスは「わたしはあなたたちの友だちだ」と言ったのだ。

そしてイエスの一番弟子、いやイエスの親友ペトロの出会いの物語こそ、わたしの物語。思いがけない形でイエスと出会ってしまったペトロに自分を重ねてみる。いやペトロになってみる。

あの朝漁師のわたしは、徹夜でガリラヤの湖で魚を獲《と》っていた。けれども、その夜はまったく魚が獲れなかった。月に何度かはこんな日がある。しょうがない。早いところ網を片付けて家に帰ってぶどう酒の一杯でもかっくらって寝てしまいたい。ちっ、なんだか今日は騒がしい。なんだろう？　なんでこんなに村の連中が集まっているんだ。ああ、あいつか。最近噂になっている、あのイエスという神の子とか言われるあいつか。あいつが来たから、村の連中はこんな朝から集まっているのか。呑気なもんだ。こっちは魚の一匹も獲れなかったっていうのに。

するとあのイエスとかいう男がこっちを見て声をかけてくる。

「おいおいすまんが、あんたの舟に乗せてくれないか？　ひとが集まりすぎて、もみくちゃになっている。話をするどころじゃない。あんたの舟に乗って、岸を離れ、そこからみんなに話をしたい」。

わたしは疲れていたが、気がつくと「うーん、しょうがないな。じゃあ舟を出しますよ」としぶしぶ舟を出していた。なぜこの時、舟を出したか未だに分からない。そしてイエスは村人たちに何かを話しはじめた。「神の国が」とか「悔い改めよ」とかなんとか話している。でも、今のわたしには関係ない。明日はどれくらい獲れるだろうか、今日の不漁の分も取り返さないと食っていけない。そんなことで頭はいっぱいだった。

どうやら話が終わったようだ。舟を岸に戻そうとした時、イエスがわたしに言った。「なあ、お前さん、もう一度舟を出して網を湖に放ってごらん」と。「ばか言ってんじゃねえよ。俺は何年ここで漁をしていると思ってんだ！」そう言い返したかった。でも、なぜだろうか。呆れながら、疲れ果てていたにもかかわらず、わたしはなぜか舟を漕《こ》ぎ出《だ》し、網をもう一度湖に降ろした。

結果は見えていた。絶対何も引っかからない。だってわたしはプロの漁師だから。

この湖ではいつもわたしが絶対に正しい。それを証明するかのように空の網を水の上に引き上げようとする。次の瞬間これまでの漁師人生で一度も感じたことのない重さがこの手に食い込んできた。まさかわたしは渾身の力で網を水面に引き上げようとしたが、どんなに引いても網は上がってこない！　岩に引っかかったか？　いや違う、これは大漁の魚の動きだ。慌てて仲間の舟に応援を頼み、二艘の舟で網を挟み両サイドからもう一度全力で網を引っ張った。そして水面に上がってきた網の中には信じられない光景があった。見たことのないほどの大量の魚たちが網のなかで跳ね上がっているのだ。そして魚を舟の上にすべて引き上げると、あまりにも多い魚の量に舟は沈みそうになった。信じられなかった。そしてわたしは怖くなった。この男は何者だ！人間を超えた何かの力をこの男は持っている。わたしは今まさにこの横にいるこのひとが神の子なのではないかと直感した。次の瞬間、わたしは怖くて叫んだ。「お願いだから、俺から離れてください。俺は罪人、どうしようもない人間なんです！」と。

これがペトロとキリストの出会いだった。いや、これがわたしとキリストの出会いだった。わたしがキリストと出会ったあの日も、全くこれと同じだった。あの日わたしは病室で泣いていた。突如襲ってきた人生最大の苦しみ、わたしの家族が死の危機にあったのだ。

底のない暗闇の中に落ちていくようであった。「もうダメだ、なす術《すべ》がない」。そう絶望した時、横を見たらイエス、あなたがいた。そしてその絶望の中でわたしに絡みついていた闇の恐怖をあなたは不思議な力で払いのけた。

気がついたら、わたしの人生の小舟の上にあなたが乗り込んできた。突風に吹かれ沈みかけていたわたしという小舟の危機をあなたは救ってくれた。わたしはあなたと出会ってしまったのだ。理屈抜きに出会ってしまったのだ。

でもわたしは神の子を信じて一生生きていけるような人間なんかじゃない。周りのみんながイメージしているような人間ではない。牧師にはなっているが、薄汚れていて、ずるくて、欲望まみれだ。いつだって自分を中心に物事を考え、その中でひとを助けているふりをする。しかもそんなふりをしながら毎日ひとを憎んでいる。

ペトロの叫びはわたしの叫びだ。「イエスよ、頼む！　わたしから離れてくれ。わたしを必要とされていることはありがたい。でもわたしは本当にどうしようもない人間なんだ！」。でもイエスはわたしから離れなかった。「わたしにはお前が必要だ。わたしについて来てくれ。お前を人間を獲る漁師にするから」と。イエスはわたしたちの長所を見込んで近づいて来たのではない。むしろ逆だ。わたしが弱くなり、何もできずにただ絶望していたような時にそれでも一緒にいてくれる友だちにイエスはなってくれたのだ。

あなたにとって友だち、特に親友とはどのような存在だろうか。わたしの親友はわたしの最悪の側面や過去を知っている。誰にも言えない胸の内や誰にも言えない過去を受け止めてくれる。ある時、わたしはひとには言えないほど情けない大失敗をした。下手をすれば職を失いかねない大失敗だった。当然、周りのひとびとになど言えるわけはない。耐え切れない想いをわたしは親友にだけ打ち明けた。彼は躊躇《ちゅうちょ》なく即答した、「ふーん。でもそんな失敗をしてそれを悩むのがお前のいいところじゃん」と。

親友はわたしのすべてを知っている。そして最悪なわたしさえも笑って赦し、逆にその部分を「最高だ」と言ってくれる。理屈なしにわたしと一緒にいてくれる。友だちだからだ。もしイエスが救い主とか、神の子とかであれば表面的にしか付き合えない。本心など怖くて言えるわけもない。そうではなくてイエスはわたしの親友になってくれたのだ。わたしの裏も表も知っている。もちろんその逆もしかり。

だからいつも同じ舟に乗っていられるのだ。わたしの人生に必要なのは神ではないし、救い主でもない。わたしに必要なのは友だちだ。

さあ、今日は一緒にどこに行こうか。

　イエスがゲネサレト湖畔に立っておられると、神の言葉を聞こうとして、群衆がその周りに押し寄せて来た。イエスは、二そうの舟が岸にあるのを御覧になった。漁師たちは、舟から上がって網を洗っていた。そこでイエスは、そのうちの一そうであるシモンの持ち舟に乗り、岸から少し漕ぎ出すようにお頼みになった。そして、腰を下ろして舟から群衆に教え始められた。話し終わったとき、シモンに、「沖に漕ぎ出して網を降ろし、漁をしなさい」と言われた。シモンは、「先生、わたしたちは、夜通し苦労しましたが、何もとれませんでした。しかし、お言葉ですから、網を降ろしてみましょう」と答えた。そして、漁師たちがそのとおりにすると、おびただしい魚がかかり、網が破れそうになった。そこで、もう一そうの舟にいる仲間に合図して、来て手を貸してくれるように頼んだ。彼らは来て、二そうの舟を魚でいっぱいにしたので、舟は沈みそうになった。これを見たシモン・ペトロは、イエスの足もとにひれ伏して、「主よ、わたしから離れてください。わたしは罪深い者なのです」と言った。とれた魚にシモンも一緒にいた者も皆驚いたからである。シモンの仲間、ゼベダイの子のヤコブもヨハネも同様だった。すると、イエスはシモンに言われた。「恐れることはない。今から後、あなたは人間をとる漁師になる」。そこで、彼らは舟を陸に引き上げ、すべてを捨ててイエスに従った。

《ルカ福音書5・一―一一》

#5

洗礼の悲しみ

《マタイによる福音書二八章一八―二〇節》

牧師の仕事の中で一番嬉しい瞬間、それは誰かに洗礼を授ける瞬間だ。洗礼とはそのひとのすべての罪が赦され、神の子とされる最も厳《おごそ》かな教会の儀式であり、同時にキリスト教会の入会式でもある。けれどもその洗礼式の時、わたしの中で強烈な不安がはじまる瞬間でもあるのだ。

ちなみに説明しておくと、洗礼は誰でも受けることができる。誰でも、「イエスを信じます」と告白する者であれば受けることができる。また教会に通っていなくても、人生の最後に入院中の病院の中でだって受けることができる。教派にもよるが、意識のない病者や意志を示せない赤ちゃんも洗礼を受けることができる。洗礼とは、人間が選び取り、クリスチャンとして相応しい状態に到達したから受けられるというものでもない。お母さんのお乳を飲む赤ちゃんが一番分かりやすいたとえになる。赤ちゃんの能力や理解度など関係なく、その子が我が子であるという理由で、お母さんは無条件にお乳を与える。洗礼とは、あなたが神の子として無条件に与えられるいのちの約束だ。

ちなみにお金はかからない。あるとき、「関野牧師、三〇万円くらい包めばよろしいですか？」と洗礼前に聞かれて、こころが揺れたが受け取らなかった。洗礼は無料だ。家の仏壇を捨てる必要もなければ、お墓参りや法事にだって参加してよい。

日本ではこれらのことがほぼ伝わっていない。だから洗礼はひとびとにとって高すぎるハードルなのだ。洗礼を受けているひとの割合は、日本の全人口の一%未満だ。だからこそ、このハードルを越えて、「関野牧師、洗礼を受けたいです！」とひとびとが申し出てくれることは牧師をしている中で間違いなく一番嬉しい瞬間なのだ。そして申し出てくれた者と洗礼式まで何度も準備の勉強会を行う。そのひとは一生懸命聖書を読み、祈り、教会というものについて学び、洗礼式に備える。一年近い準備の時を過ごす。

そしていよいよやって来た洗礼式の日の礼拝、「父と子と聖霊の名によって」と冷たい水をそのひとの頭に注ぎ「あなたの罪は赦された。あなたは神の子どもです」と宣言する。そのひとが神と真に出会う瞬間だ。涙を流すひともたくさんいる。そして教会の皆も拍手で歓迎し、花束を渡し、「おめでとう！」と声をかける。ここまでは本当に喜びの時だ。だが、この喜びの絶頂を境に失望の時間が始まっていくのだ。

洗礼式を終えた次の日曜日、先週涙を流していたそのひとが教会に来ない、そのようなことは珍しくはない。そして、数か月後には完全に来なくなり、あの日笑顔で拍手し花束を渡していた教会員たちも一年後にはそのひとびとの存在を完全に忘れるのだ。日本のある教会の統計だと、洗礼を受けて教会に来続けるのは約三年だという。そのように消えて行ったクリスチャンは教会の「幽霊会員」とも呼ばれる。

本当に空しい気持ちでいっぱいになる。あのひとが礼拝で神に出会い、わたしの所に来てくれた時のあの輝いた顔は何だったのか。何度も行った洗礼準備会は何だったのか！　仕事後に疲れているなか教会にやってきて、一生懸命聖書を学んでいたあの真剣な態度はどこにいってしまったのだ！　そして、そのひとを責めたくなってしまう。「洗礼を受けたい」と言った時のあの想いはどこにいったの？「十字架の前で、そして皆の前で約束した、キリストを信じ生涯を生きます」と言ったあの約束はどこにいったの？　怒りの嵐が巻き起こる。「だったら最初から来るな！」「わたしの時間を返せ！」。気がつくとわたしのこころは悪魔に支配されている。「なんでお前は、それでも洗礼とやらをひとびとに授けているんだ？　洗礼を授けても、あいつは何も変わらないじゃないか？　お前との約束も破り、教会にだってすぐに来なくなっちまうだろうよ。神の約束なんてないんだよ！」と。

そして、わたしはやるせなさと怒りを神にぶつける。「神さま、洗礼って教会にとって一番大切なもののはず。でもこんなに軽んじられていて、すぐに忘れられている。そんなものが永遠なのか！　そんなもののためにわたしは人生かけているのか！」

だが、そんなある日、わたしは洗礼の真の意味を知らされた。知識としての洗礼ではなくて、この世界で絶対に消えることのない洗礼の力に出会わされたのだ。

ある夕方だった。数年前に洗礼を受けて、その後教会から消えてしまっていた幽霊会員がやってきた。彼はこう言って来たのだ。「牧師様、申し訳ありません。家の事情を考えて仏教徒に戻ることにいたしました。お墓も守らないといけませんし。牧師様と教会には感謝しております。わたしを退会させてください。そして授けて頂いた洗礼を取り消してください」。

本来ならまたしても怒りに支配されるはずなのに、何とも言えない喜びに満たされ、わたしは笑顔になった。「教会を辞めたい、洗礼を取り消して欲しい」と牧師にとって最悪な申し出を受けているのに、なぜわたしは嬉しかったのか？　答えは極めてシンプルだ。この世界に洗礼を取り消す方法がないからだ！　わたしは笑顔のまま返答した。「了解いたしました。教会の会員情報登録を消します。今後、教会からのお便りなどが行くこともありません。安心してお寺さんに行ってください。けれども、洗礼を取り消す儀式や祈りはないのです。万が一、教会にもう一度行ってみたいと思われたらいつでも来てください」。

なぜ、自分でもとっさにこう言えたのかは分からない。けれどもはじめて洗礼の真実がことばになった気がした。洗礼はそのひとがどこにいようが、たとえ教会を棄てお寺さんに行こうが、一切の人間側の条件を超えて神がそのひとと一緒に居続けるという究極の約束なのだ。イエスは地上を去る直前に弟子たちに言った。「すべての人に洗礼を授けなさい……そして、わたしは世の終わりまでいつもあなたがたと共にいる」と。

わたしは喜びで満ち溢れた。教会を去って行く彼の後姿に愛おしささえ感じるほどに嬉しかった。彼が教会に戻って来ることは二度とないだろう。けれども、神が彼を忘れることは決してないのだ。彼がお寺に戻ろうとも、宗教心を棄てたとしても、彼が豊かな人生を送ろうとも、またその逆、大失敗をしてひとびとから見捨てられるような人生を送ろうとも関係ない。彼が彼であり続けるだけで、イエスは彼から離れないのだ。お母さんがお乳を赤ちゃんに毎日与え続けるように、洗礼を受けて神の子になったわたしたちから、神は片時も離れず恵みを与え続けるのだ。

現実でそんなことを感じられる瞬間などほとんどないかもしれない。けれども、わたしたちが母からお乳を与えられた記憶が全くないのと同じように、いやそれを超えてわたしたちの人生の最後まで続く無意識の中にイエスは宿り続けるのだろう。

洗礼とは、たしかにクリスチャンとなり教会のメンバーになる入信・入会儀式でもある。だが、洗礼はそのような人間の制度をはるかに超えている。この苦しみで満ちた世界で生き、迷い続けるわたしたちを抱き上げる、全力で守る母なる愛に優る神の愛、それが洗礼なのだ。

だから洗礼は誰だって受けられるのだ。聖書を全部読んだとか、キリスト教の教理を理解して納得できたとか、教会に毎週通い続けているとか人間側の条件は一切関係ない。あなたがあなたであるという理由、そしてそんなあなたが神に愛されているという事実だけで洗礼を受けることができる。

イエスは地上を去る直前にこう言った。「だから、あなたがたは行って、すべての民をわたしの弟子にしなさい。彼らに父と子と聖霊の名によって洗礼を授けよ」と。イエスの最後の遺言だ。どうしてもこれだけは忘れないで実行して欲しいというイエスの願いだ。だから、わたしは洗礼をひとびとに授け続けるのだ。そのためには、どこにだって行くのだ。

イエスよ、あなたは本当に見事だ。最後に言ったのだ、「すべての人に洗礼を授けよ」と。「すべて」なのだ。子どもから老人まで、国籍や信条を超えてすべてのひとにと。富や健康状態、能力にかかわらずすべてのひとにと。この世界は格差と理不尽に満ちている。だがイエスの目から見るのであれば、すべてのひとがこの地上で迷える小羊、そして洗礼により全員が死ぬまで愛される神の子どもなのだ。だから今日もわたしはあなたに言う、

「洗礼を受けませんか？」

喜びと少しの不安をもって。

「わたしは天と地の一切の権能を授かっている。だから、あなたがたは行って、すべての民をわたしの弟子にしなさい。彼らに父と子と聖霊の名によって洗礼を授け、あなたがたに命じておいたことをすべて守るように教えなさい。わたしは世の終わりまで、いつもあなたがたと共にいる」。

《マタイ福音書28・18—20》

＃6

洗礼は人生の特効薬ではない

《マルコによる福音書一章九―一五節》

多くのひとが洗礼というものを勘違いしている。洗礼を受ければ苦しみから解放されると信じようとするひとは少なくない。多かれ少なかれ、洗礼を受けることは何か自分にとってプラスになると誰もが信じている。そして自分の何かが変わるとどこかで思っている。だが現実には目に見える変化は何も起こらない。

わたしは悪ガキだった小学生の時に洗礼を受けた。そのころのわたしは、警察にもお世話になるような悪ガキだった。そして悪ガキのまま教会に通っていた。だが幼い信仰心でわたしは「このままでは天国に行けない！　でも洗礼を受けたならばわたしの性格はここ ろ優しくなってもう悪さをしないのだ！」と期待を持った。けれども、洗礼を受けた次の日もわたしは悪ガキのままで何一つ変わらなかった。

世のキリスト教界は「洗礼により罪が赦され、永遠のいのちが与えられる」と言う。まあ、聖書に書いてあることだからそれ自体は間違いはない。だが、何が罪だかさえも分からない時代に、また科学や医学が発展しすぎて人間らしく死ぬことさえ見失っている時代に、永遠のいのちを欲しがるひとなどいるのだろうか。

だからわたしははっきり言う。「洗礼を受けても変わらない」と。洗礼を受けても、あなたの人生は願うように変わらない。苦しい生活から抜け出したくて、病から解放されたくて、汚れた自分の過去を赦されたいと願い、洗礼を受けるかもしれない。だが、はっきり言おう。願ったようには残念ながらならない。

むしろ、洗礼を受けるともっと苦しむことになる。洗礼を受けると、聖書が教える理想的な隣人愛と自己中心の現実の狭間で苦しくなる。真剣にイエスを信じついて行こうとすればするほど、いろいろなことを失っていく。自己犠牲と奉仕の精神を持ち、多くの信者が教会のために時間、労力、お金、そして気持ちを注ぐ。そのような純粋に神と教会を愛するひとびとによってキリスト教会は成り立っている。奉仕という専門用語で語られているが、すべてボランティアの上に成り立っているのだ。

だが、ボランティアと善意の上で成り立っている組織は実は脆《もろ》く崩れやすく、内部の人間関係は複雑になる。半数以上のクリスチャンたちが、一度は教会で本当に嫌な目に遭っている。牧師や信徒にことばで傷つけられたりするばかりか、セクハラ、パワハラ、盗難、世の中の罪はすべて教会の中にも存在し続けている。

わたしもクリスチャンになり、たくさんのものを失った。そして牧師になり、憧れていた教会のリアルな現実に失望した。たくさん傷つけられたし、たくさんひとを傷つけた。このようなことを語り、わたしはキリスト教会の威厳や信仰を持つことへの憧れを砕いているかもしれない。だが、これがわたしが見てきた現実だった。神を信じ、教会に真面目に通っているのに、これでもかというほどの理不尽な苦しみを幾重にも背負わされているひとびととたくさん出会ってきた。その都度、魂は叫ぶのだ、「神よ、こんなにあなたを信じているひとがなぜこんなにも苦しむのか！」と。

聖書をよく読んでみると、洗礼はひとを幸せにする魔法ではないことは明らかだった。イエスが洗礼を受けたあと、待っていたのは大きな試練だった。洗礼を受けてイエスがまず最初に体験したことは、荒野での四〇日にもわたる断食だった。そしてそこで悪魔は思いっきりイエスを誘惑した。「お前は神の子だから石ころをパンに変えることができる。そしてわたしを拝むならここから見える都をすべてお前に支配させよう」と。イエスのこころは激しく揺れたはずだ。だが神の子が望んだのは究極の孤独と空腹だった。

そして何とかそれを乗り越えたイエスに次に襲いかかってきたのは、「ヨハネが逮捕されて牢に入れられた」という悲報であった。ヨハネはイエスの親戚であるのみならず、生まれる前から神の国で繋がっていた魂の兄弟だ。ヨハネは牢から解放されることなく、そのまま処刑されてしまう。そして、次第にイエスも狙われていく。

洗礼はわたしたちを人生の災いから遠ざける予防薬でもないし、この地上を生きる痛みを癒す特効薬でもない。むしろ、洗礼は受けることによりさらに苦しむ劇薬であるかもしれないのだ。だとしたら、なぜそれでもひとびとは洗礼を受けるのであろうか？　なぜ、わたしはそれでもひとびとに洗礼を施すのであろうか?

だがある時、神はわたしに洗礼の劇薬の力を見せたのだ。ある日曜日の礼拝が終わったあとのことだった。七〇代くらいの女性が礼拝堂にひとりポツンと座っていた。一度も見かけたことのないひとだったため、「どうされましたか?」と声をかけた。すると彼女は小さな声で告白した。「牧師さん、わたしは五〇年前、この教会で洗礼を受けました。しかも、この教会の幼稚園の教師をするためだけに洗礼を受けました。そして、ここの幼稚園を辞めて以来、一度も教会には来ていません……。先日、末期のガン宣告を受けました……。余命半年です……。そしてこの教会を思い出しました。二〇歳の頃それでも通って洗礼を受けたここで、わたしの葬式をしたいです……。不届き者で申し訳ありません。牧師さま、わたしのお葬式をここでしてください」。

即答、答えは絶対的に「イエス」だ。「もちろんです、ご安心ください。必ずそうします」と互いに連絡先を交換しその日は別れた。半年と少しが経ったある日、彼女は教会に戻ってきた。棺《ひつぎ》に入って戻ってきた。

あなたはこのひとがクリスチャンだったと思うだろうか? クリスチャンとはどのような存在か。わたしは彼女こそクリスチャンであったと断言する! クリスチャンとはイエスを信じる者という意味のみならず、イエスに摑《つか》まれているもの、イエスのものとされているという意味でもある。たしかに、彼女を毎週毎週何十年も欠かさず日曜日に教会に通っているひとびとと比較すれば、「クリスチャン」と呼ぶに相応しくはないように思うであろう。けれども二〇歳の時に就職のために受けた洗礼は、その後五〇年間一度も教会に行かなかった彼女を人生の最後に天国に引き戻したのだ。

そして彼女のこの人生がわたしに本当の洗礼の力を教えてくれたのだ。繰り返しになるが、イエスが洗礼を受けたその日はお祝いの日なんかではなかった。それはイエスがここから十字架で処刑されるいばらの道への第一歩であったのだ。この後、イエスは確かに病者を癒したり、死者を蘇らせたりと奇跡をひとびとに見せ、ひとびとの称賛を得る。そしてイエスは権力者たちによって抑圧されていた民衆の解放運動のアイコンとして担ぎ上げられた。だが最後は権力者たちに陥れられ、弟子たちに裏切られ、民衆たちに手のひらを返され、救い主から一気に罪人とされ十字架刑で処刑されるのだ。いつの時代も民衆は勝手に誰かを祭り上げて梯子をはずし、最後は引きずり落とし叩き潰すのだ。

父なる神は、我が子イエスが洗礼を受けた日から、十字架で殺されたその日までのすべてを見ていた。神の救いを届けるために弟子たちを一人ひとり集め、そして旅を続ける姿を。苦しむ民衆の一人ひとりを訪ねて救っていく姿を。父なる神は我が子のすべてを見ていたのだ。そんな一人ひとりに見捨てられて、不当に逮捕され、リンチされ、晒《さら》し者にされ、殺されていくそのすべてを見ていたのだ！

だからイエスが洗礼を受けたその日、父は我が子を見て、これからの我が子の道を見て胸が張り裂けたのだ。聖書は「その時天が裂けた」と記す。喜びで天の窓が開いたのでは決してない。悲しみで天がそして父の胸が張り裂けたのだ。そして鳩が降ってきた。お祝いやサーカスの鳩なんかではない。それはいばらの道へ進もうとする我が子の肩を抱く父親の右手だったのだ。そしてそこから聞こえた「あなたはわたしの愛する者、わたしの心に適う者」、この声は「誰があなたを王と呼ぼうと、罪人と呼ぼうとも、あなたはわたしの子どもだ。そしてあなたがどこにいようとも、どのような苦しみの中に突き落とされても、わたしのこころはあなたと一緒だ！」というこの上ない父の愛なる叫びだった。天を引き裂き、その腕で我が子を抱き、そして愛を叫ぶ。洗礼を受けるとは、このような父の子どもとなることなのだ。生涯から試練がなくなるのではなくて、どんないばらの道であろうとも神が一緒に歩いてくれる、この洗礼がイエスを支えたのだ。

五〇年ぶりに教会に戻ってきたその女性の棺を見て、この父なる神の叫びがわたしに届いた。五〇年ぶりに来たのではない！　神がこの五〇年間ずっと彼女、いや我が子を見守り続けたのだ。喜びの日も、病に苦しむ日も、毎日父のこころは我が子と一緒だったのだ。そして自分の力で立てなくなる最後の日々に、我が子をその腕で抱き、父の家、教会に連れて帰ってきたのだ。

もう一度、はっきり言う。洗礼を受けても望むような良いことは起こらない。逆に苦しむことが増える。だがもっとはっきり言う。洗礼を受けるとは、あなたがどこにいても、何をしていても、たとえどんな過ちを犯し生きていたとしても、神があなたを決して見捨てないという究極の約束なのだ。


そのころ、イエスはガリラヤのナザレから来て、ヨルダン川でヨハネから洗礼を受けられた。水の中から上がるとすぐ、天が裂けて〝霊〟が鳩のように御自分に降って来るのを、御覧になった。すると、「あなたはわたしの愛する子、わたしの心に適う者」という声が、天から聞こえた。

それから、〝霊〟はイエスを荒れ野に送り出した。イエスは四十日間そこにとどまり、サタンから誘惑を受けられた。その間、野獣と一緒におられたが、天使たちが仕えていた。

ヨハネが捕らえられた後、イエスはガリラヤへ行き、神の福音を宣べ伝えて、「時は満ち、神の国は近づいた。悔い改めて福音を信じなさい」と言われた。

《マルコ福音書1・9－15》

#7

聖者の怒り

《申命記九章八―一九節》

わたしは時々、誰もいない礼拝堂で怒り、叫ぶ。十字架に向かって声を上げて怒る。「神さまふざけるな！　あなたが創った世界だろう。わたしのことを創ったのもあなただろう！　どうしてくれるんだ！　もう限界だよ！　神なんだから責任とってくれ！」と。

一般的にクリスチャンは清く正しく禁欲的な生活をし、すべてのひとを優しく受け入れるというようなイメージで見られているかもしれない。牧師であればなおさらだ。暗黙のうちに牧師は決して怒らず、誰が何を言おうとも穏やかに笑っている聖人君子が求められている。けれども牧師も生身の人間、ともすると普通のひと以上に弱ささえあると思う。少なくともわたしはそうだ。当然怒るし、悲しむ。神が信じられなくなることさえある。これまたはっきり言ってしまうが、相手が牧師だからといって好き勝手感情をぶちまけてくるひとが一定数存在していて、世の牧師たちはそれを歯を食いしばりながら耐え続けている。そこで反発したり感情を露《あら》わにすると、吊るし上げられ、収拾のつかないことになる。延々と続くガマン大会の中で限界に達し、こころを病み牧師を辞めてしまったり、自らいのちを絶ってしまったりする者もいるほどだ。

聖職者だからといって怒ってはいけないということは決してない。いやむしろ怒らなくてはだめだ。もちろん、権威を振りかざし怒りの力で信者をコントロールするようなことは論外だ。けれども、理不尽を前にする時は、怒りの感情を露わに、しかもそれをひとと神の前で出してよいと思う。もっと言えば怒りの感情だって神が創ったものであり、神だって怒った。いや聖書の中で神こそ怒りまくっているのだ。

十戒で知られる出エジプトの物語がまさにそのようだ。これはモーセという一人のリーダーの孤独とやるせなさ、そして怒りの物語だ。エジプトの地で、イスラエルのひとびとは四〇〇年にわたって奴隷状態になっていた。そのような中で、神はモーセをリーダーとして選びイスラエルのひとびとを救出する。そして、定められた夜にモーセはイスラエルのひとびとを引き連れ、大脱出劇を開始する。しかも、助け出したひとは数十人ではなく、数十万人以上とも言われている。老人から子どもまで数十万のひとびとの先頭に立ち、そのいのちをモーセは預かったのだ。

街ごと移動するかのような無謀な脱出劇。案の定、すぐにエジプト軍に気づかれて馬車や兵士が追って来て海辺まで追い詰められる。だがその時、モーセは神の力によって海を割り、水と水との間を通って見事に脱出を成し遂げる。有名な一場面だ。だが、本当の試練の道はここからだった。モーセとひとびとは、神から約束されたカナンの地にすぐにゴールできたわけではない。なんとそのゴールにたどり着くまで砂漠を四〇年間もさまよったのだ。要は難民になったのだ。住む場所や食糧に困り、数十万というひとびとが砂漠でさまよい、モーセはその先頭に四〇年間も立ち続けたのだ。

そして、モーセは世間のリーダーと同じく、皆に代わって多くの責任やリスクを引き受け、人知れず努力しているのにもかかわらず、理不尽な状況に立たされ続けた。エジプトから脱出したイスラエルのひとびとに感謝されることはなく、不平不満だけをぶつけられたのだ。「腹が減った、お前は俺たちを飢え死にさせるのか！」とか「飲み物がない」、あげくには「昔の方が良かった。奴隷状況の方がまだ良かった！」とさえ言われたのだ。

そもそもモーセは自ら志願してリーダーになったわけではない。リーダーシップがあったわけでも、大勢の民衆を動かすスピーチ力があったわけでも何でもない。むしろ、その逆だった。だからモーセは最初から神に、「自分はリーダーには向いていないから、他のひとにしてください！」と何度も断りを入れた。だが神は「絶対大丈夫だから」とその度にモーセを説得したのだ。

だからこそ、モーセは本当にやるせなかった。進めど進めど四〇年間いっこうにゴールに着かない。神とひとびとの間に挟まれて、ひとのわがままさと、神の無責任さに失望していたはずだ。モーセはそれでも何度も何度も踏みとどまり続けた。そして、そのような苦しみと忍耐の旅が終わりにさしかかったある日、神は山の上にモーセを呼び出した。

モーセはそこで四〇日間断食をして神を待った。

四〇〇年間の奴隷状況からの脱出。四〇年にわたる砂漠での放浪。そして最後の四〇日間の断食。そこで神に出会い、約束の地、ゴールが示されるはずだった。そしていよいよ、神はモーセの前に現れる。そこで、神は自らの手で記した掟、モーセたちが神に選ばれた民であることの証しを「十戒」として手渡した。あの神が目の前にいる。しかも、神自らの手で記した石板、十戒を自分に手渡そうとしている。永年の労苦から解放される歴史的な奇跡の瞬間だった。だが、聖書はハッピーエンドでは終わらない。聖書の物語は実はきれいごとでは終わらないのだ（それがわたしが聖書を好きな理由でもある）。

「いよいよ自分たちが救われる！」「いよいよ永年の苦しみの日々から解放される！」そう思った時、なんと山の下ではひとびとが皆、モーセを裏切り、神を忘れ、自分たちで金の子牛を神として造り、お祭りをしていたのだ。しかもただの祭りじゃない、ひとびとは乱行して戯《たわむ》れていたのだ。

さすがのモーセも今回ばかりはブチ切れた。四〇年分の怒りが大爆発した。神から手渡された救いの証し、十戒の石板を叩き割って怒る。だがなんと、そこでもっと怒ったのは神だった。そのようなひとびとを見て神はモーセ以上に大激怒し「こいつらを滅ぼす！」と言い出し、しかもモーセの兄弟のアロンまで滅ぼすと言い出したのだ！

自分が一番怒りたいのに、ドン引きするほどに怒りを大爆発させる神を見て、モーセは冷静さを取り戻す。モーセはどこまでいっても板挟みの調整役から逃れられない。悲しいことに、モーセが神をなだめる羽目になるのだ。モーセは見捨てることができないひとびとへの愛を振り絞って言う。「神さま、待ってくれよ。あなたが救い出そうとしたひとびとじゃないか！　ここで滅ぼしたら何もかも終わりだよ！」と。大人の対応どころか、これこそ世紀の「神対応」。神はこのモーセの姿に思い直し、振り上げた拳《こぶし》を下ろし、ひとびとを滅ぼすことをやめる。

モーセは歴史を創り出した英雄ではなく、ひとだった。神に、時代に、政治に、そして人間に翻弄《ほんろう》されて苦しんだ一人のひとだった。特殊な能力があったわけでも何でもない。一人の老人だった。人生の晩年で、それでも神に呼び出されて使命を背負わされ、怒り、悲しみ、失望し、それでも前に進んだひとだったのだ。

だが、その溢れ出した孤独、悲しみ、怒りが、最後にはひとびとを救い、神さえ動かし歴史をつくった。もう一度言うが、モーセには特別な力があったわけではない。わたしやあなたと同じ一人のひとだった。怒りや悲しみを持ち、日々苦しみ迷うひとだった。そしてモーセはその感情を出し続けた。

怒り、悲しみは、ネガティブなものではない。特に旧約聖書のクライマックスとも言えるこの物語は神とひとびととの感情のぶつかり合いの物語でもあった。神が与えた感情だ。神が与えたものであれば、大いに表して良いのではないか。

怒りや悲しみに蓋《ふた》をしてひとびとの前に立つことは美徳かもしれない。けれども、それでは自分自身が押し殺され、結局はそのコミュニティーさえも腐敗し崩れ去ってしまう。特にキリスト教界に立っているリーダーはなおさらのことではないだろうか。ひとびとの無理難題をいつも聞き、受け止めて、優しく微笑むだけじゃなくていい。ひとびとの前で泣いて、怒って良い。

ハッキリ言おう、「それはおかしいと思います！」「そう言われるととても不愉快です！」と。人生はガマン大会でも何でもない。そして神にも遠慮なしに言おう。「神さまふざけるな！　あなたが創った世界だろう。わたしのことを創ったのもあなただろう！どうしてくれるんだ！　もう限界だよ！　神なんだから責任とってくれ！」と。そう思いっきり怒ろう、思いっきり泣こう。思いっきり笑えるその日が来るまで。

ホレブにいたとき、あなたたちが主を怒らせたので、主はあなたたちに向かって激しく憤り、滅ぼそうとされた。わたしが石の板、すなわち主があなたたちと結ばれた契約の板を受け取るため山に登ったとき、わたしは四〇日四〇夜、山にとどまり、パンも食べず水も飲まなかった。主は、神の指で記された二枚の石の板をわたしにお授けになった。その上には、集会の日に、主が山で火の中からあなたたちに告げられた言葉がすべてそのとおりに記されていた。四〇日四〇夜が過ぎて、主はわたしにその二枚の石の板、契約の板を授けられた。そのとき、主はわたしに言われた。「すぐに立って、ここから下りなさい。あなたがエジプトから導き出した民は堕落し、早くもわたしが命じた道からそれて、鋳像を造った」。主は更に、わたしに言われた。「わたしはこの民を見てきたが、実にかたくなな民である。わたしを引き止めるな。わたしは彼らを滅ぼし、天の下からその名を消し去って、あなたを彼らより強く、数の多い国民とする」。わたしが身を翻して山を下ると、山は火に包まれて燃えていた。わたしは両手に二枚の契約の板を持っていた。わたしが見たのは、あなたたちがあなたたちの神、主に罪を犯し、子牛の鋳像を造って、早くも主の命じられた道からそれている姿であった。わたしは両手に持っていた二枚の板を投げつけ、あなたたちの目の前で砕いた。主の目に悪と見なされることを行って罪を犯し、主を憤らせた、あなたたちのすべての罪のゆえに、わたしは前と同じように、四〇日四〇夜、パンも食べず水も飲まず主の前にひれ伏した。わたしは、主が激しく怒りに燃え、あなたたちを滅ぼされるのではないかと恐れたが、主はこのときも、わたしに耳を傾けてくださった。

《申命記9・8―19》

＃8

同調圧力なんて完全無視で良い

《ヨハネによる福音書一二章一―八節》

日本の同調圧力の強さは世界有数だと思う。前へならえ！　右向け右！　皆と同じでない者が排除され、皆と同じ行動ができない者は叩かれる。また、ずば抜けた個性や能力がある者は、よっぽどの結果を出さなければ批判や妬みの対象となる。

そして日本のキリスト教界の同調圧力はことさら強いとわたしは感じている。キリスト教は本来ひとを究極的に自由にするものであるはずだが、現実は聖書には記されていない伝統や習慣が教会を支配していて、それを継承しない者は排除されていく。共同体の理想と村社会の掟が混同、またはすり替えられている現状がある。わたしはこの圧力の中でずっと苦しんできた。今でもわたしの行動や発言は批判の的になっている。

でも、もうその同調圧力には支配されないと決めている。空気を読み、ひとびとの顔色をうかがうことに神経をすり減らし窒息させられる必要なんてない。ひとよりもまず自分と神に気をつかう。空気は読むものではなく、思いっきり吸い込むもの。そして場の空気は変えるもの。自分の気持ちを曲げ、自分に嘘をつくことは、自分を創った神に対して不誠実だ。周りの目にどう映ろうが、徹底的に自分らしくいようとわたしは決めている。

ここ数年、教派を問わずたくさんの若い牧師たちがわたしの元に相談に来た。みなキリスト教界の同調圧力の中で、極限まで追い詰められ、こころを病み病院に行くまでの状況に追い込まれていた。そのような中で自死を選ばざるをえなかった者たちもいる。

あなたも同調圧力の中で苦しんでいないだろうか。苦しむどころか、その中で殺されかけていないだろうか。そんな所でいのちを削られず、徹底的にあなた自身でいよう。大丈夫だ。イエス・キリストこそ、そういう人物であったたし、イエスはそのようなひとが大好きなのだから。


聖書に何度かマルタとマリアという姉妹が登場する。姉のマルタはテキパキと周りのために働き尽くすタイプだが、妹マリアは空気を読まないマイペース派。ある時、ふたりの家にイエスと仲間たちがやって来た。マルタはイエスたちをもてなすために料理を作り、あくせくと働いていた。だが、マリアはマルタの手伝いを一切しない。姉にすべてをさせておいて自分はずっとイエスと話をしている。気が利かない妹だ。その姿にがまんがならないマルタはイエスに言う、「妹にわたしを手伝うように言ってください！」と。

ところがイエスは姉マルタをたしなめ、何もしない妹マリアを褒《ほ》めるのだ。「マルタ、マルタ、あなたは多くのことに思い悩み、こころを乱している。しかし、必要なことはただ一つだけである。マリアは良いほうを選んだ。それを取り上げてはならない」。イエスもマリアも自由でいいが、懸命に努力しているマルタがさすがにかわいそうだ。

マリアは空気を読まないだけでなく、突拍子もないことさえする。それはイエスが十字架で処刑されてしまう日が近づいている、ある日のことだった。イエスはマルタとマリアの所に食事に来ていた。その時もマルタは相変わらず給仕をしているが、マリアはまたしても何もしない！　凄まじいまでの空気の読まなさ、マイペースさは、ここまでくると清々《すがすが》しささえ感じさせる。

こともあろうにマリアは、なんとここで何百万円もするであろう香油を壺ごと持ってきて、その壺を壊して中の油をイエスの足に注いでしまうのだ。そしてイエスの足に滴《したた》るその香油を自分の髪で拭《ぬぐ》ったのだ！　多分それは、マリアが持っていた全財産のようなもの。それを一瞬ですべてイエスの足に注いでしまったのだ。

この物語は、「ありったけすべてをマリアはイエスに献げた」と美談で語られるが、これは一つのスキャンダルでもある。当時は、男女の不必要なスキンシップは許されていなかったし、ましてや教師イエスと庶民マリアという階級が違う間柄ではなおさらのことだった。だが、マリアはイエスの足に触れ香油を注ぎ、それを自分の髪で拭うという濃密な接触をしたのだ。

なんとも言えない空気が食事会を包んだ。全財産を注いでしまった妹を見たマルタは唖然としただろうし、それを見た弟子のユダは激怒する。「どうしてこの香油を売って、貧しいひとに施さないのか」。ユダの言っていることは正論だ。なぜなら、その村は地域でひときわ貧しい村、病者や食べられないひとびとがたくさんいた。何百万円分の香油を売ればどれだけ多くの貧しいひとびとを助けられるだろうか。

だがイエスは、ここでもマリアを叱らずまたしても褒《ほ》める。「この人のするままにさせておきなさい。わたしの葬りの日のために、それを取って置いたのだから」。果たしてマリアはそこまで予見してそうしたのだろうか。それに、やはりイエスはマリアを贔屓《ひいき》していたように思う。明らかな不自然さがここにある。

だからこそユダはこれほどまでに怒り、そしてその怒りが裏切りへと向かわせたのではないだろうか。マリアが壊したのは香油の壺だけじゃなかった。ここからイエスの弟子チームに亀裂が入り壊れていく。そして最後には、イエスが全員に裏切られて十字架で殺されてしまう。つまりこのマリアの香油の出来事がイエス処刑の序章になってしまったのだ！

マリアの最善は最悪でもあった。いきなりやって来て、ありったけの香油を注いでマリアは自己満足したかもしれない。そしてこのことが多くのひとを振り回す。だが、この最善と最悪が混在したマリアの自由、ありったけの気持ちが、ひとびとの罪を背負うために十字架へと向かうイエスを後押ししたのかもしれない。もしかしたら、マリアがいなければユダの裏切りもなく、イエスも死なずにすんだのかもしれない。逆に、マリアがいなければイエスの十字架の死と復活の奇跡は起こらなかったのかもしれない。

いずれにせよ、マリアが壺を割り、ありったけの香油をイエスに注いだ出来事は語り継がれた。部屋中が香りで満たされ、イエスの足には香油とマリアの髪と手の感触が残った。そこにいたすべてのひとにとって忘れられない瞬間、聖書と歴史に刻まれる瞬間になったのだ。

ひとの目から見たらスキャンダラスな出来事だとしても、良いか悪いかなど誰にも分からない。そこにはユダだけではなく、イエスに密着したマリアを妬んだ女性もたくさんいただろう。周りとの協調の観点から言えば、マリアはまったく空気を読まずに行動した。

でもマリアは自分に嘘をつかなかった。やりたいことをした。自分がやらなければいけないこと、自分にしかできないことをした。その食事会には以前、病死から蘇らせてもらったマルタとマリアの兄弟ラザロが同席していた。兄弟ラザロのいのちを助けてもらったありったけの感謝の想いだったのかもしれない。マリアの行動の理由は誰にも分からない。もしかしたら、マリアにも分からなかったのかもしれない。

でも理由なんて、どうでもいいのかもしれない。「やりたいからそうした」、それだけでいいのではないか。ましてやそれが神のためであれば、なおさらそれだけでいいのではないか。持続可能な支援、長期展望、論理や協調性も大事だが、それ以上に大切なことは、徹底的に自分であり続けるということだ。

たとえ誰にも理解されなくても、認められなかったとしても、あなたが誰かのために、神のためにそれをやったのであればそれでいい。結果はその時には誰にも分からない。ひとの評価などあてになるはずがない。確かなことは、少なくともイエスはマリアを褒《ほ》めた。そしてこの行動は絶対に消えることのない聖書の一頁に刻まれた。

最善の行動は、その時には誰からも理解されず最悪とさえ見なされるものかもしれない。イエスの十字架こそまさにそうだった。誰にも理解されず、誰からも見放された。そして時が来てそれは世界の救いとなった。このイエスがマリアを良しとしたのだ。そしてこのイエスはありのままのわたしたちを良しとしてくれるのではないだろうか。

今日もわたしたちの社会を同調圧力が激しく支配している。あなたはそこで縛られ、自分を押し殺していないだろうか。あなたは周りに同調し神経をすり減らすために生きているのではない。たとえ誰に何を言われても、全力で自分を貫いて欲しい。誰にも理解されなくてもいい。ただイエスは絶対にあなたを見ている。それだけでいい。それがすべてだ。

過越祭の六日前に、イエスはベタニアに行かれた。そこには、イエスが死者の中からよみがえらせたラザロがいた。イエスのためにそこで夕食が用意され、マルタは給仕をしていた。ラザロは、イエスと共に食事の席に着いた人々の中にいた。そのとき、マリアが純粋で非常に高価なナルドの香油を一リトラ持って来て、イエスの足に塗り、自分の髪でその足をぬぐった。家は香油の香りでいっぱいになった。弟子の一人で、後にイエスを裏切るイスカリオテのユダが言った。「なぜ、この香油を三百デナリオンで売って、貧しい人々に施さなかったのか」。彼がこう言ったのは、貧しい人々のことを心にかけていたからではない。彼は盗人であって、金入れを預かっていながら、その中身をごまかしていたからである。イエスは言われた。「この人のするままにさせておきなさい。わたしの葬りの日のために、それを取って置いたのだから。貧しい人々はいつもあなたがたと一緒にいるが、わたしはいつも一緒にいるわけではない」。

《ヨハネ福音書12・1―8》

II

神さま、
こんなわたしを
救ってよ！

#9

希望も光も品切れ中

《マタイによる福音書五章一三―一六節》

聖書の中で最も有名なことばに「あなたがたは地の塩、そして世の光である」というものがある。印象的かつ詩的で希望を与えてくれるこのことばは他の聖書の名言と同様に、聞いているだけなら素敵なことばだ。聞こえの良いことばは遠くに聞いているだけなら心地よい。聖書のことばは大体そうだ。だが聖書のことばを「聴く」のと、聖書のことばのように「生きる」ことは全くの別物だ。大よそ多くのひとがイエスの傍観者だと思う。教会の礼拝も見ていればすぐにそれが分かる。コンサートやスポーツ観戦は皆、熱狂の中で少しでもショーや試合を近くで見たいと前に押し寄せる。だが、多くのキリスト教会の礼拝ではひとびとは後ろから座る。それも後ろの方を自分の指定席にする。皆、自分のセーフティーゾーンで無難な信仰生活を送りたいのだろう。そうやってイエスのことばを遠くから傍観して聞いているだけなら楽だ。だが、そこから一歩踏み出しイエスのことばのように生きようとする時、そこには激しい苦しみが伴う。

イエスは弟子たちを特段トレーニングや教育をせずにそのまま世界に送り込んだ。イエスが弟子たちに持たせたのはイエスのことばだけだった。「地の塩、世の光」とはまさに言い得ている。このことばの塩は塩粒だ。土嚢《どのう》袋一杯の塩化ナトリウムではないし、かわいい小瓶に入った食卓の塩でもない。指先に乗るほどの小さな粗塩だ。かろうじて見える存在、まさにイエスの弟子たちの小ささを表している。

世の光、それは煌々《こうこう》と輝く電気ではないし、辺り一面を照らすたいまつの炎でもない。それは今にも消えそうなロウソクの灯。そよ風、吹きかける息ひとつで一瞬で消えてゆくほど弱い光だ。まさにイエスの弟子たちの存在を言い表している。彼らには社会を動かす力はないし、社会の陰で生きるひとびとを照らすこともできない。本当に弱い存在だったのだ。現にイエスが逮捕されたあの日、疑いの嵐が吹き荒れたあの夜に、弟子たちの光は一瞬で吹き消された。

だがイエスはそれでもこのような者たちを弟子として、世界の塩、光として送り出したのだ。そして今日、わたしが牧師として世界とひとびとの前に立っている理由は、この手にイエスの塩と光を手渡されたと信じているからだ。一五年前、牧師になった当初わたしは自分に力があると思っていた。世間にインパクトを与える塩を持ち、そしてひとびとの苦しみを照らせる光を誰よりも持っていると過信していた。けれども、現実はまったく違った。理不尽さの中で苦しむひとびとを前に、わたしは何もできなかった。塩も光もどんどん目減りしていった。いや、最初から少ししかなかったのかもしれない。もしかしたら、最初から持っていなかったのかもしれない。

はたから見れば「関野牧師はエネルギーに溢れていて、元気に大胆にみんなに希望を語っている」と思われているかもしれない。だが、実際はそうではない。わたしは大勢が苦手だし、人前で話すことも好きではない。ネクラで全然ポジティブな性格などではない。独りでいることが好きだ。だから日曜日の朝、わたしは喜びに満ち溢れて寝床からなど起きていない。これからやって来るありとあらゆるひとに聖書のメッセージを語らなくてはならないプレッシャーで憂鬱だ。できれば逃げ出したい、いなくなってしまいたい、そんな気持ちになる朝がたくさんある。それは礼拝説教の準備をする時間がなかったとか、そういう物理的な問題ではない。大げさに聞こえるかもしれないが、自分の中に全く希望がない。自分のこころの中に本当にイエスがいるかさえも分からなくなるのだ。希望も光も品切れなのだ。

表面的な希望、薄めた光ならいくらでも出せる。けれどもわたしは知っているのだ。バスを乗り継いで教会へやって来るおばあちゃんがいること。天涯孤独で日曜日の礼拝だけが唯一ひとと話す時間、それを生きがいにやってくる引きこもりのひとがいること。毎日親に虐待されていて教会だけが逃げ場の子どもがいることを。そして末期のガンを抱え今日が最後の礼拝と覚悟して来ているひとがいることを。そして日曜日の朝、そんな彼ら彼女らに届ける希望や光はいつだって品切れなのだ。

イエスが奇跡によって病人を癒やした物語を何度語っても、同じことは決して目の前では起こらない。起こることのない心身の癒し、聖書と現実の矛盾を神学や心理学を使ってなんとなくアカデミックに語りその場をやり過ごすことならできる。ちょっとした日常のいい話と聖書の物語を絡めて分かりやすい話をすることだってできる。そうすれば「いいお話でした」とか「先生のお話、分かりやすかったです」と感謝される。そうやってこれまで語って生きてきた。けれどもわたしは別にいい話や分かりやすい話をするために牧師をしているわけでもない。そうではなくて本当に救いを求めて教会に来ているひとびとにイエスのいのちを届けたいだけだ。

だがどんなに準備をして、どんなにイエスを追い求めても、日曜日の朝わたしは一人孤独になる。神はわたしがどんなに求めても何も手渡してくれず、どれだけ問いかけても何も答えてくれない。日曜日の朝、奇跡によって心身を癒し、死人さえも立ち上がらせるイエスは教会にもわたしのこころにもいないのだ。それでも時計の針は回り、ひとびとは教会に集ってくる。牧師服に着がえて、首から十字架を下げてカラッカラの魂を振り絞り、何とか希望と光を探すが、どんなに力いっぱい魂を振り絞っても希望も光も一滴も出てこない。パンを出せないパン屋、肉を出せないお肉屋さんのようだ。希望や光は今日も品切れ中。売り切れではない。売り切れならいつかはまた入荷してくる。わたしのもとには、もともと在庫はおろか入荷予定もないのだ。

教会にやって来たひとびとに礼拝で「今日は希望も光も品切れです」とは絶対に言えない。だから何とかしてカラッカラに乾いた魂を力ずくで絞る。ひとびとの重荷や悲しみ、怒りの砂漠に向かってカラカラの魂を振り絞る。一滴の光が落ちるか落ちないか自分では確認できない。こんな孤独な闘いが、一年間五二週続いていく。だから、毎日、毎週、キリストを探し、迷っている。そして迷いに迷って、こころはさらにカラカラに乾いていく。

今週も日曜日の朝にやってくるひとびとにその不安と焦りをわたしは隠さなくてはならないのか。ピエロのように日曜日の朝、ニコニコして無い袖を振って、「みんな愛されていますよ」と言って目の前のひとびとと自分をごまかして陰で泣いていれば良いのだろうか。イエスよ、わたしは惨めだよ。イエスよ、今まではあなたを遠い所から見てあなたのことを無難にひとびとに説明して生きてきた。でももうそんなことはできない。わたしは出会ってしまったからだ。この街で聖書の世界のひとびとに出会ってしまったのだ。いのちがけで来るおばあちゃんや病気のひとびとだけじゃない、体を売っている風俗店勤務のひとびと、難民やホームレス、行き場のないひとびと、ドラッグ、アルコール、ギャンブル、窃盗癖、さまざまな依存を持っているひとびとに出会ってしまった。うまく生きられなくて救いを求めているひとびと、まさに聖書の中でイエスの周りで救いを求めているひとびとに出会ってしまったのだ。わたしは彼ら彼女たちのもう一度生きる希望になる光を届けたいだけだ。小難しいことばで説明する光でなくて、聖書の中であなたが苦しむひとびとを照らした光、そのままの光が必要なのだ。

だがどんなに探しても見つからない。希望も光も塩もすべて品切れなのだ。そしてイエスが言った通り塩気がなくなり、外に投げ捨てられ、皆に踏みつけられているような存在にわたしはなった。哀れなほどに何もできないただのひとになった。いや、はじめからそうだったのだ。

こうやって、わたしは牧師を続けている。こうやって、また日曜日がやってくる。空っぽのまま、カラカラのまま、何も持てず、わたしは今日も十字架の前に立っている。イエスよ、わたしはこれでもまだ牧師でいられるのか？　わたしの中に一粒の塩はあるか？　まだあなたからもらった小さな光はあるか？　自分では全く見えないのだ。

そして日曜日の朝がまたやって来る。教会のドアが開きひとびとが集ってくる。イエスよ、あなたはここにいるか？　わたしの中に小さな塩は残っているか？　光はまだ消えていないか？　そしてイエスに叫ぶ「あなたが今日やって来た救いを求めているこのひとびとを救ってよ！」と。そして魂の一番奥底が叫んでいる、「イエスよ、こんなわたしを救ってよ！」と。

「あなたがたは地の塩である。だが、塩に塩気がなくなれば、その塩は何によって塩味が付けられよう。もはや、何の役にも立たず、外に投げ捨てられ、人々に踏みつけられるだけである。あなたがたは世の光である。山の上にある町は、隠れることができない。また、ともし火をともして升の下に置く者はいない。燭台の上に置く。そうすれば、家の中のものすべてを照らすのである。そのように、あなたがたの光を人々の前に輝かしなさい。人々が、あなたがたの立派な行いを見て、あなたがたの天の父をあがめるようになるためである」。

《マタイ福音書5・13―16》

#10

誰も救えない、それでもあなたに会いに行く

《ルカによる福音書九章一―六節》

教会にいると、いろいろな病気を持ったひとびとがやってくる。末期のガンのひとから こころの病気のひとまで、彼らがどれだけ苦しんでいるか想いのたけを聴き、最後はその ひとが癒されるようにとわたしは祈る。だが、そのひとの病がその場で癒されたことは一度もない。本当に一度もない。

けれども、聖書の世界では奇跡が起きていた。イエスは数えきれないほど多くのひとびとの病気を癒した。それがイエスが本当に神の子であることの証拠だった。それだけではなく、イエスは神の力、聖霊の力を弟子たちにも授けていた。どのような病をも癒す力と悪魔を追い出す権威とを弟子たちに授け、イエスは弟子たちを周囲の村々への送り出した。

弟子たちは漁師をはじめ、ごく普通の庶民だった。医者などひとりもいない。けれども、そのような彼らが奇跡的な力で苦しむ一人ひとりを癒し、救っていったのだ。その奇跡が彼らがイエスの弟子である証拠だった。失明していたひとが見えるようになり、生まれつき耳が聞こえなかったひとがはじめて聞こえるようになる。足が麻痺し立ち上がることができなくなり、人生を諦めていた者が再び立ち上がる。絶対に治らないはずの重い皮膚病、全身がただれていた者の肌が生まれ変わったかのようにきれいになっていく。

次から次に巻き起こる奇跡を見て周りのひとびとは言った、「奇跡だ」「このひとはまさにキリストの弟子だ」「まさにキリストは神の子だ」と。もちろんその逆のケースもあった。ペテン師扱いされ、追い返されることもあった。けれども、それもまたイエスの弟子たちが、ひとには説明ができない大いなる力を持っていた証拠だった。

はたしてどうだろうか。わたしにはそんな経験がないし、そんな力は授けられてもいない。時代は違えども、わたしもイエスに呼ばれてイエスを信じて神の癒しをひとびとに届ける……わたしもそのような弟子の一人であるはずだ。そのために人生を神に捧げ、いろいろなものを捨て、この世の成功を諦め牧師を目指した。イエスに憧れ、イエスの弟子の一人としてこの世界で病を抱え、絶望しているひとを救いたいと願い、長い間神学校に通い牧師となりひとびとの救いのために働いている。

けれどもわたしにはひとの病を癒す力がない。「聖書の時代と今は違う」とか「皆が癒しの力を持っているわけではなくて、あなたには違う力がある」という言い逃れのような説明が教会では語られがちだが、わたしはそれに耐えられなくなってしまった。

わたしはこれまで何百回も病気のひとのもとに出かけていき、何千時間もこころの病や悩みを持っているひとびとに耳を傾け、救いのために祈った。けれども、その瞬間その病が癒され、その瞬間に問題が解決したことは一回もない。断言する、ただの一度もないのだ。だからお見舞いや相談の最後の時間にそのひとのために祈る時間が悲しくもある。目を閉じて神の名を呼び、イエスの奇跡、癒しを求め、必死にことばを紡ぎだし、「アーメン」と締めくくり、目を開ける。

わたしはその瞬間が悲しい。目を開けた瞬間、こころのどこかで奇跡が起きているのではないかとわずかな希望を持つ。けれども何一つ変わらない。ガンの腫瘍は消えず、こころの病も何一つ変わらず、切り傷ひとつもふさがらない。そして虚しさがそこに残る。二〇〇〇年前に起きたことは今ここでは起こらない。なのにそれでもわたしは祈り続ける。それでもわたしは癒しを信じて今日もひとびとのもとに出かけていく。空しい……。わたしは起こりもしない奇跡を信じ祈っているのか！


ある時、ガン末期の信者さんが「体調が良かったから」と本当に久しぶりに礼拝にやって来た。わたしは嬉しくて、「一緒に祈りましょう」と声をかけた。彼女は少し微笑んで、わたしにこう言った。

「ありがとう、関野牧師。祈りましょう。でもお願いだから、わたしが癒されますようにとか、そのようには祈らないでください」と強く訴えてきた。

彼女は自分の最期を覚悟して生きていた。「わたしが癒されますように、と祈らないでください」、そのことばの意味が痛いほど伝わってきた。表面的な同情や宗教的なことばなど一切欲していないし、かけてはならないのだ。とても強い彼女だが、痛みと悲しみの中でなんとか自分の最期を受け入れようとしているのだ。そして、それでも一緒に祈った。何を祈ったか何も覚えていない。

ただ、二人でこころを合わせ、十字架に向かって静かに叫んだ気がする。「悲しい、悲しい……ただただ悲しい」と。「やってくる死が怖い。自分が消えていくのが本当は怖い」と。「大切なひと、家族を残していくのが悲しすぎる……ただただ悲しい」と。声にもならず、ことばにさえできず、二人で叫んだ気がする。この悲しみをこのいのちの痛みをイエスに救ってほしい。イエスよ知って欲しい、彼女はあなたを信じている。だから今日も苦しい状況でもこうやって必死にやって来たのだ。

イエスよ、本音を吐き出すことを赦して欲しい。彼女もわたしも癒しなど信じていない、あなたに期待もしていない。でもそれでも、あなたを信じているのだ。何をどう信じているのかことばにはならない。けれども、あなたにしがみついているんだ。救って欲しい、この悲しみから、ただ救って欲しい。

間もなく彼女は亡くなった。自分で決めた通り、抗ガン剤治療も癒しの祈りさえも拒否し、それでもあなたにしがみついて人生を生き抜いた。救いとは何だろうか。癒しとは何なのか。わたしは今日もその答えを探している。

二〇二〇年、わたしは一四年間の日本での牧師生活に区切りをつけ、アメリカに渡った。病院で病のひとびと、そして死にゆくひとびとに寄り添い祈る、病院付牧師、チャプレンになるためだ。それがずっとわたしの使命だと思ってきた。イエスに「行け」と言われたから、こんな時代に一番危険なアメリカの病院に立っている。

イエスよ、わたしの手にあなたは力を授けているのか。ひとびとを癒し、立ち上がらせる力を、わたしに預けてくれているのだろうか。イエスよ答えて欲しい。その声を聞かせて欲しい。わたしは今日も立っていた。ドラッグの過剰摂取で心停止、ヘリコプターで運ばれて来た若者の前に立っていた。イエスよわたしは今日も立っていた。医師が「もうお子さんにできることはありません。生命維持装置を切りますか？」そんな悲しい問いかけの中に。イエスよ、何もできないけどわたしはいたよ、その中に。嗚咽《おえつ》しながら家族と抱き合いながら、息子の生命維持装置が切られ、震える父親の肩を抱いていた。

イエスよ、イエスよ、あなたは答えなどくれない。声も聞かせてくれない。当然奇跡など起こしてくれない。それでもわたしは今日もここに立っているよ。理由はひとつだ。それはイエスよあなたがわたしに「行きなさい。病で苦しむひとの処に行きなさい」そう命令したからだ。病院の中で握りしめているポケベルが鳴った、「三〇代女性、ガン末期でもうあと数時間です。家族が病室で苦しんでいます。来てください」と。イエスよ、わたしは行くよ。その部屋に行くよ。出会ったこともないひとびと、でも救いを求めているのだ。あなたを求めているのだ。だからせめて、せめてそこに一緒にいて欲しい。答えも声もいらない。けれどもせめてここにいて欲しい。

イエスは一二人を呼び集め、あらゆる悪霊に打ち勝ち、病気をいやす力と権能をお授けになった。そして、神の国を宣べ伝え、病人をいやすために遣わすにあたり、次のように言われた。「旅には何も持って行ってはならない。杖も袋もパンも金も持ってはならない。下着も二枚は持ってはならない。どこかの家に入ったら、そこにとどまって、その家から旅立ちなさい。だれもあなたがたを迎え入れないなら、その町を出ていくとき、彼らへの証しとして足についた埃を払い落としなさい」。一二人は出かけて行き、村から村へと巡り歩きながら、至るところで福音を告げ知らせ、病気をいやした。

《ルカ福音書9・1―6》

honor

#11

悪から救い出したまえ

《マルコによる福音書八章三一—三五節》

子どもの時からわたしは毎週教会で「主の祈り」を祈ってきた。世界中のキリスト教会で祈られるこの主の祈りの一節に、「我らを誘惑から導き出し、悪から救い出したまえ」とある。何万回と祈ってきたこの一節。何気なく祈ってきたこの一節、わたしは今こそこの一節を握りしめている。神を忘れ、他者を排除しはじめるこの世界で自分が悪魔になってしまわぬようにこの一節を祈っている。

多くの奇跡を行い、常識を覆《くつがえ》すメッセージを語っていたイエスの周りには大勢のひとびとが群がっていた。イエスは時のひとであり、周りには相当数の野次馬もいた。皆、勝手な声援や批判を飛ばし、好き勝手にイエスを「先生」「預言者」「王」などと呼んでいた。「ペテン師」などと罵声《ばせい》を浴びせた者もいた。イエスはいろいろな要望を受け、そして好き勝手な呼称で呼ばれることに嫌気がさしていたのだろう。一番弟子のペトロに尋ねる、「人々はわたしのことをあれこれと呼ぶが、あなたはわたしを何者だと思うのか？」と。するとペトロは「イエスよ、あなたは救い主です。あなたはメシアです」と答える。正しい答えだった。さすがは毎日イエスと行動を共にしていたペトロ、「イエスは大勢の教師、預言者のひとりではなく唯一の救い主だ」と答えた。だが次の瞬間、完璧な答えを口にしたペトロにイエスは激怒する、「消えろ、お前は悪魔だ、ペトロ！」。相変わらずイエスは滅茶苦茶だ。

なぜイエスはいきなり「ペトロ、お前は悪魔だ！」と叱りつけたのだろうか。その答えは十字架にある。この頃、救い主であるはずのイエスは自らが罪人として極刑の十字架につけられると語り始めていたのだ。それを聞いて、側近のペトロはイエスを脇に連れ出し注意するのだ、「そんなことは公で絶対に言わないでください！　あなたは救い主なのですから！」と。そのペトロの忠告にイエスは激高したのだ。

誰がどう見てもペトロは間違っていない。イエスはこれから国を建て直す最重要人物、支持してくれる民衆が離れるような言動はあってはならない。十二弟子をはじめ貧しい民衆たちはイエスこそが世界を、苦しい現実を変えてくれると切望していたのだ。そして一番弟子のペトロはイエスが造りあげる王国の大臣になる思いだって抱いていたであろう。ところがイエスはそのようなペトロを激しく、バッサリと切り捨てるのだ。

「ペトロお前は悪魔だ！　引き下がれ。お前は神のことを思わず人のことを思っている」と。

一番の側近であり、唯一イエスに「あなたは救い主、メシアです」と言えたペトロが一瞬で悪魔になってしまう。確かにペトロは自分の計画や願いはあったであろうが、悪魔呼ばわりされるような悪意やはかりごとがこころの中にあったわけではないと思う。むしろ、誰よりもイエスに一生懸命ついてきたはずだ。ただ自分の師であり救い主になるはずのイエスが十字架にかけられる、そのことが理解できなかっただけだ。もしこの無理解が原因で悪魔になるのであれば、わたしも悪魔だ。誰しもが悪魔だ。自分の願っている方向と真逆の方向を示され、自分が信じてきたものが全否定されるのだ。それを理解しろと言われたって、誰一人理解できないし、理解したくない。相変わらずイエスは理解不可能だ。だがこの怒りの声はやはり神の声なのか、人間の真の姿を丸裸にしていく。

わたしは数年前にバルカン半島を旅してきたのだが、そこでひとが一瞬で悪魔的になってしまうことを肌で感じた。そこには今から約三〇年前に起きたユーゴスラビアの紛争の生々しい爪痕が残されていた。元来バルカン半島は多くの国々、多くの民族、多くの宗教が共生している地域だった。キリスト教会とイスラム教のモスクが隣り合わせに建てられるほどの調和がそこにはあった。けれどもある時を境に、民族の独立と分断が巻き起こり、その共生と調和の世界は地獄になった。今まで一緒に生きてきた仲間が敵となり、殺し合いが何年も続いていった。憎しみが連鎖し、民族浄化という狂気の業が始まっていった。強奪、強姦、拷問、思いつく限りのすべての残酷なことが毎日起きていたのだ。町や村には今でも散弾銃の弾の痕、爆破されたままの家、教会、モスクがたくさんある。

それは他人事じゃない。どこか遠い外国の出来事じゃない。凶悪な犯罪者が社会をかき乱すのでも、また邪悪な独裁者が世界を破壊するのでもない。誰しもが持っている自分の尺度の正義感、これが行き過ぎる時、それは悪魔の銃弾になるのだ。

そして悪魔はひとの弱さを誰よりも知っている。ひとが持っている信念、信仰、正義感が独りよがりになる瞬間を狙って一気にそのひとのこころを占拠し支配する。そのひとのこころの中から他者や神を思う想いを一気に排除し、隠れた狂気の世界へと突き落とす。

そして悪魔は天才だから、それも思いもよらない時に思いもよらない方法で行うのだ。

キリスト教の世界の中でわたしはそれを何度も見てきた。正義感が強く、人権活動をしている者が家でドメスティック・バイオレンスを行い家族を激しく傷つけている姿を。信仰を持ち、笑顔で周りに気を配り、誰よりも一生懸命に生きているひとが暴力事件、詐欺事件を起こす姿を。何度も見てきた、毎週ひたすら教会で祈っている真面目な信仰者が、性犯罪を犯し、薬物に手を伸ばす姿を。彼らは純粋で真面目な信仰生活を送っていた。だがその一筋さは一瞬で悪魔の声のささやきに呑み込まれていき、彼らは一瞬で社会的地位や信頼を失っていった。

そういうわたしも同じだけの弱さと危うさを隠し持っている。わたしはその弱さが問題化しないギリギリの所で自分のバランスをとっている卑怯な信仰者だ。握りしめているのは、何よりも可愛い自分自身だ。そんな自分を保身しながら毎週、十字架を背に神を、愛を、赦しを語っている。そんなわたしにイエスは叫ぶだろう、「悪魔よ、出て行け！　あなたは神のことを思わず、自分のことだけを思っている」と。そうだ、その通りだ。自分のことを思っている。「神を愛し、隣人を愛せ」といつもひとに説きながら、愛しているのは自分自身だ。そしてその中で神を愛し、ひとを愛しているふりをしているのかもしれない。そんなわたしに、イエスよあなたは叫ぶのだろう、「お前は悪魔だ！　出て行け!!　あなたは神のことを思わず、自分のことだけを思っている」と。

そうだ、その通りだ。神のことを思い、ひとに説いているようでいて、結局は自分を握りしめている。クリスチャンであること、牧師であることを利用して自己実現しているだけかもしれない。何もかも、本当に何もかも奪われ十字架に進むあなたのあとになど、本当はついて行きたくない。

そうだ、わたしも悪魔だ。わたしこそ悪魔だ。でも、これが等身大のわたしだ。それでもどこかで、いや、これでもあなたを信じてついて行こうとしていることも分かってほしい。イエスよ、あなたの一番弟子だったペトロでさえ一瞬で悪魔になってしまうのだから、わたしだったらなおさらだ。そしてイエスよ、ペトロを選んだのはあなたではないか、そしてこのわたしのことを選んでくれたのもあなたではないか。

それでもあなたは怒鳴るのか、「サタン、引き下がれ。あなたは神のことを思わず、人のことを思っている！」と。

でも……、いや、それでもわたしは引き下がらない。そこに立ちすくんでいると不思議と、幼いときから唱えてきた祈りが浮かんでくる。「われらを誘惑から導き出し、悪から救い出したまえ」。弱いかもしれない、卑怯で薄汚いかもしれない他者や神さえ利用するかもしれない。でも、わたしたちは悪魔になるために生まれたのではない。だから祈る、「われらを誘惑から導き出し、悪から救い出したまえ」と。誰も、悪魔になり傷つけあうために毎日生きているのではない。一瞬で悪魔になってしまう弱さ、脆さ、そして危うさの中でそれでも必死にあなたについて行きたい。いつ悪魔にドライブされるか分からない恐怖がある。でもそれでも引き下がらない。「われらを誘惑から導き出し、悪から救い出したまえ」と呟《つぶや》きながら、そうやって今日も一歩前に進むのだ。

それからイエスは、人の子は必ず多くの苦しみを受け、長老、祭司長、律法学者たちから排斥されて殺され、三日の後に復活することになっている、と弟子たちに教え始められた。しかも、そのことをはっきりとお話しになった。すると、ペトロはイエスをわきへお連れして、いさめ始めた。イエスは振り返って、弟子たちを見ながら、ペトロを叱って言われた。「サタン、引き下がれ。あなたは神のことを思わず、人間のことを思っている」。それから、群衆を弟子たちと共に呼び寄せて言われた。「わたしの後に従いたい者は、自分を捨て、自分の十字架を背負って、わたしに従いなさい。自分の命を救いたいと思う者は、それを失うが、わたしのため、また福音のために命を失う者は、それを救うのである」。

《マルコ福音書8・31—35》

#12

前例もタブーも越えて

《マルコによる福音書三章一―六節》

郵便はがき

料金受取人払郵便

銀座局
承認

2281

差出有効期間
2022年8月
19日まで

104-8790

628

東京都中央区銀座4－5－1

教文館出版部 行

◉裏面にご住所・ご氏名等ご記入の上ご投函いただければ、キリスト教書関連書籍等のご案内をさしあげます。なお、お預かりした個人情報は共同事業者である「(財)キリスト教文書センター」と共同で管理いたします。

●今回お買い上げいただいた本の書名をご記入下さい。

書名

●この本を何でお知りになりましたか

1．新聞広告（　　）　2．雑誌広告（　　）　3．書　評（　　）
4．書店で見て　5．友人にすすめられて　6．その他

●ご購読ありがとうございます。
本書についてのご意見、ご感想、その他をお聞かせ下さい。
図書目録ご入用の場合はご請求下さい（要　不要）

教文館発行図書 購読申込書

下記の図書の購入を申し込みます

書　　　　名	定価（税込）	申込部数
		部
		部
		部
		部
		部

●ご注文はなるべく書店をご指定下さい。必要事項をご記入のうえ、ご投函下さい。
●お近くに書店のない場合は小社指定の書店へお客様を紹介するか、小社から直送いたします。
●ハガキのこの面はそのまま取次・書店様への注文書として使用させていただきます。
●DM、Eメール等でのご案内を望まれない方は、右の四角にチェックを入れて下さい。□

ご氏名　　　　歳	ご職業

（〒　　　　　）
ご住所

電　話
●書店よりの連絡のため忘れず記載して下さい。

メールアドレス
（新刊のご案内をさしあげます）

書店様へお願い　上記のお客様のご注文によるものです。
着荷次第お客様宛にご連絡下さいますようお願いします。

ご指定書店名	取次・番線	
住　所		
		（ここは小社で記入します）

日曜日の礼拝、一〇〇人以上のひとびとが集い和気あいあいと豊かであるはずの時間。けれども牧師生活一〇年を過ぎた頃から、礼拝を終えた日曜日の夜に激しく落ち込むことが増えてきた。そればかりか次の月曜日、起き上がれないほどに心身共に疲弊する朝を迎えることがとても多くなってきた。その理由は自分ではっきりと分かっている。それはわたしが日曜日の礼拝で語る約一五分間の聖書メッセージ、つまり説教だ。説教、聖書メッセージはみんなにイエスと希望を伝えるもの。教会にやって来る多くのひとびとはその説教とそこにある希望を聴くために礼拝にやって来ている。遠くから何本も電車とバスを乗り継いで来るおばあちゃん、杖をついて一生懸命やって来るおじいちゃん、一週間毎日働き続けたビジネスパーソン、子育て中のママやパパ、みんなが希望を聴きたくて礼拝にやって来る。大きくて聞き取りやすい声でゆっくり礼拝の司式〔司会〕をして、社会問題や世界平和のために満遍なく祈り、やさしくて分かりやすい愛あるキリストのことばを少々アカデミックに語り、最後に皆がよく知っているなじみの讃美歌を歌えば、それは「良い礼拝」となり、わたしは「良い牧師」でいられる。だがある時からわたしはその「良さ」を破壊しはじめてしまったからである。

「良い礼拝」ができた時の空気はすぐにわかる。多くのひとがわたしを褒めてくれる。

「良い礼拝だった」「良い説教だった」「懐かしい讃美歌に涙が出た」と。どれも嬉しいことばだ。わたしもそんな日はこころが満たされ、達成感を感じる。けれどもそこに違和感を感じ始めたのだ。「本当にわたしはキリストを伝えたか」と。最近は特に強くそう思う。日曜日の礼拝で読まれる聖書の箇所が、特にキリストの怒りや孤独、悲しみを扱っている時には、特にそう思う。キリスト教は、愛と平和の宗教という清らかなイメージを持たれ、イエスはいつも優しく微笑み、弱いひとびとを助けるというステレオタイプの救い主像が暗黙のうちに刷り込まれている。

けれども、聖書が伝えるイエスの姿はそこからかけ離れている。イエスが届けた救いのメッセージは往々にして時の権力者や宗教たちと真っ向から対立するものであり、そこには対話や協調などはなかった。イエスは既存の宗教が持っていた不可侵な絶対領域、タブーにさえ踏み込み、怒り、叫び、ひっくり返していった。危険な反逆者の姿がそこにはあったのだ。

イエスは弟子たちにだって厳しく接していたし、自ら救った病のひとびとに対してだって、「今まで大変だったね」とか「つらかったね」とか、そのような優しいことばをかけたりしていない。そうではなく、「お前はどうなりたいのだ」と問いかけ、そして「立て」「手を伸ばせ」「起きろ」と激しく命令する。現代であればたちまちハラスメントになるような態度だ。だが、既存の教会、いやこのわたしはこのイエスの激しさを薄め、灰汁《あく》抜きし、清らかなイエスにすり替えていたのだ。

マルコ福音書三章の出来事など、その最たる物語だ。ある日イエスは礼拝堂に来ていた。その日はユダヤ教で治療行為を含む労働を禁止されている神聖な安息日だった。しかもそこでは、時のひとイエスを監視するためにやって来た宗教者や法律家が目を光らせていた。極限の緊張が張り詰めたこの時と場所に手に障がいがあるひとがいた。手が変形していてまともに職業に就けないどころか、悪魔に取りつかれた罪人というレッテルを貼られていたひとだ。

監視者たちはイエスを睨んでいた。イエスがこの病者を癒せばそれは労働とみなされ重大な戒律違反となる。絶対にしてはいけないことだ。イエスもその場では病者を無視し、礼拝が終わり誰もいなくなってから波風立てずにそのひとを癒すことだってできた。だがイエスはあえて波風を立てる。「良い礼拝」「良い宗教者」など全く求めない。

そして大胆にもその病者に言い放った。「真ん中に立ちなさい！」と。「お前は社会の片隅で生きてきただろう。でもこうやってわたしとお前が出会うこの場こそ、世界の中心だ！」と言わんばかりに。そのひとは恐る恐る立ち上がり、礼拝堂の真ん中に進み出る。今まで隅と陰で自分を消すように生きていた。そのひとが宗教者、法律家、礼拝者たちの真ん中に立つ。

イエスはタブーの領域に完全に足を踏み込んだ。そしてイエスは周りを激しく睨《にら》み、「安息日に律法で許されているのは、善を行うことか、悪を行うことか。命を救うことか、殺すことか！」と問いただす。誰も何も言わないし、言えない。表面的な正論や形骸化した宗教的教義を破壊する勢いで、有無を言わさぬ態度で「いのち」と「救い」のあるべき姿をイエスは表現するのだ。

ずっと苦しみ続けて来たこのひとの人生について、誰も何もしないし、何も言わなかった。伝統と教理を守り続けることで思考停止状態になり、目の前の最も苦しむひとを救えない宗教を破壊するがごとくイエスは病者に言った、「手を伸ばせ！」。するとそのひとの手は元どおりになった。安息日は奇跡の日になり、礼拝堂は奇跡の場になった。だがひとびとはそれを喜ばなかった。

面目をつぶされた宗教者たちはその場を出て行き、外で「どのようにしてイエスを殺そうか！」と相談し始めた。つまりここからイエス死刑の序章が始まってしまったのだ。なぜなら、イエスのアクションは彼らにとっては絶対にあってはならないものだったのだ。だからエルサレムの権威ある宗教者たちさえイエスを批判しはじめ、イエスの身を案じた母マリアや親戚たちさえイエスの活動をやめさせようとした。でもイエスはやめなかった。

やめられなかった。この究極のリスクを冒さなければ救われない、生きられない一人が目の前にいるからだ。

今、この教会に、わたしの目の前には最も弱きひとがいる。わたしの背後にはイエスがいのちをかけた十字架がある。そこでわたしは激しく問われるのだ、「お前は誰に何を語るのか！」と。

毎週一回、一時間の礼拝、一五分のメッセージ、当たり障りなく皆が「良い」と感じる表面的な時を造り出すことはできる。けれどもそこに表面的な「良さ」などはいらない。皆が「良い」と言うものなどは結局毒にも薬にもならないのだ。

だがイエスのアクションとことばは、その場にいたすべてのひとの前例や心地良さ、既成概念のすべてを破壊し、強烈な衝撃、摩擦、ノイズをもたらした。このカオスにも似た騒乱の中で小さな光が生まれるのだ。世界の陰で生き続けていたその病者が真ん中に立ち、完全に麻痺しきって動くはずのなかったその手をイエスに向かって伸ばすのだ。そしてイエスのこころは少しの喜びと、周りに理解されない悲しみで再び満ちていくのだ。

そしてわたしは想う。これこそが神の働き、これが礼拝なのだと。歪んだ世界の中にあって、弱者が搾取され無き者にされ続ける世界にあって、「あなたが中心、あなたは生そして教会は人々の心を再生させる新しいことばの舞台なのだ。……

きていて良いのだ」と大胆に宣言するのが教会、礼拝であり、それが真の説教なのだ。そしてそれはそこに集う皆が心地良く感じる過去の再生ではなく破壊と新生をもたらす新しいことばなのだ。この新しいことばを語る者は大きなリスクを背負わなければならない。そしてこのキリストの命がけのことばがいつか、すべてのひとの光になるという希望を持ち続けなければならない。

牧師になり一〇年の時が流れ、要領良く、良い礼拝を行う、良い牧師でいようとしたわたしは、この破壊者イエスに再び出会い、睨まれてしまった。「お前、俺のことば、生き方はそんなんじゃねえぞ」と。そして魂を削りながらことばを発し、アクションを紡ぎ続けたその生き方に再び魅了されてしまったのだ。終わりなき孤独な闘いが始まってしまったのだ。イエス自身は「平和ではなく対立の剣を届けに来た」と言う。イエスのことばは諸刃の剣だ。聞く者にも語る者にも傷を負わせる。毎週このイエスと目が合い、出会い、そのイエスを語り、目の前にやって来たひとびとの概念を揺さぶり、自分も揺らぎ、わたしはボロボロになる。そして翌日、立てなくなる朝さえ迎える。

安息日は安息日ではなくなった。かなりしんどい。たくさん批判されるし、自分を応援してくれたひとびとも敵に回すことも増えてきた。でも、それでも止められない。このイエスのことばとアクションを止めてはいけない。そしてボロボロになったこころがつぶやく。「あとどれだけこんなことを続けられるだろうか」「こんなことで誰か一人でも救えているだろうか」と。

イエスはまた会堂にお入りになった。そこに片手の萎えた人がいた。人々はイエスを訴えようと思って、安息日にこの人の病気をいやされるかどうか、注目していた。イエスは手の萎えた人に、「真ん中に立ちなさい」と言われた。そして人々にこう言われた。「安息日に律法で許されているのは、善を行うことか、悪を行うことか。命を救うことか、殺すことか」。彼らは黙っていた。そこで、イエスは怒って人々を見回し、彼らのかたくなな心を悲しみながら、その人に、「手を伸ばしなさい」と言われた。伸ばすと、手は元どおりになった。ファリサイ派の人々は出て行き、早速、ヘロデ派の人々と一緒に、どのようにしてイエスを殺そうかと相談し始めた。

《マルコ福音書3・1―6》

13

日曜日午前一〇時半の教会は終わる

《ルカによる福音書二三章三三―四三節》

「日曜日午前中だけに集まる教会は終わる」

コロナパンデミックが始まる何年も前から、わたしはいろいろな場所でこうひとびとに伝えてきた。多くのひとがわたしの意見を批判し、キリスト教界の重鎮から激しく叱責を受けた。「過激な言動でなく、教会の伝統、教会を昔から支えて来たひとびとを大事にしろ」と。だが、わたしはこのことを伝えるのを止めなかった。

どこかで躍起にもなっていた。きっと我慢できなかったのだと思う。何か新しいことをはじめようとする度に批判してくる旧態依然としたキリスト教界へ反抗したかった。それはわたしの反骨精神、エゴだけではなく、教会になどたどり着くはずもなく、本当に救いを必要としているひとびとと毎日接し生きているからだ。

キリストは好きだがキリスト教会という組織で嫌な想いをしたひと、また教会という建物自体の敷居が高すぎて近づけない、というひとの数はとても多い。日本の人口の多くはキリスト教会の建物に一歩も入らず、また牧師という存在と出会わずして生涯を終えるひとの方が多い。

そのような中、いつまでも錆《さ》びついた看板に「日曜礼拝午前一〇時半より。どなたでもおいでください」と、謙虚なようで大上段に構え、殿様商売をしている教会は生き残れるどころか、必要とされるはずもない。このありようの背後に「自分たちは正しいひと、救われているひと。そうでないあなたも、良かったら日曜日教会に来て仲間になりませんか?」という、誰もことばにしない傲慢が透けて見える。

そもそも、仕事や家族サービスで疲れ切っているひとびと、心身の重い病気で立ち上がれなく本当に救いを求めているひとびとは、教会になど来られない。もし、それでも日曜日一〇時半に行われている教会にさまざまなハードルを越えて参加したとしても、そこはついていけない礼拝の作法、聞いてもまったく理解できない専門用語、古い教会員の縄張りが支配している。まったく別の意味での狭き門がそこにはあるのだ。日曜日の一〇時半に毎週通い続けなければ得られない救いならば、それは救いではない。

わたしは教会を批判しているわけではない、教会に愛され、育てられて、今日もわたしが生きている。その魂の故郷が、いつまでも誰もが救われる場であって欲しいと願い行動している。

そもそも教会とは、十字架付きの建物ではないし会員制のクラブではない。イエスがいのちをかけた十字架とは、その周りに罪人が集まる救い場だ。それこそがイエスが処刑されたゴルゴタの丘だった。美しい場所でもなんでもない。処刑を待つ罪人たちが晒し者にされ、それを野次馬たちが見に来る。何時間も息絶えるまで死刑囚を野晒しにし、野次馬が集まる地上でもっとも嫌な場所だ。そして、そのど真ん中に神の子イエスがいて、自らの死をもってそこに救いを巻き起こす。これこそが教会の原点だ。究極の汚れた現実の中で、救われようのないわたしやあなたが救われる場所、それこそが教会だ。

イエスが十字架で処刑された時、横には二人の死刑囚が同じく十字架で処刑されていた。死刑囚、つまり強盗殺人などを行った重罪犯たちだ。そしてイエスは十字架にかけられながらこの男のひとりに言った。「お前は地獄に行くんじゃないよ、俺と一緒に天国に行くんだよ」と。なんというダイナミックな物語だろうか。この男は死刑囚だ、礼拝に行って、犯した罪を懺悔し償いをしたわけではない。ただ死刑にされている最後の瞬間にイエスに出会い、「こんな俺がいたことを思い出してくれ」と、極限の中でことばを絞りだしただけだ。そしてイエスはこの男に「あなたは天国に行くよ」と言い切るのだ。聖書の中でキリストが「あなたは救われている。大丈夫だ、天国に行く！」、そうはっきり言い切ったのはこの男に対してだけだ。

これこそが本物の救いだ。わたしを救い、そしてすべてのひとを救うことができるイエスの救いであり、教会そのものだ。誰もきれいに生きることなどできない。犯罪こそ犯さなかったとして、誰もが墓場まで背負っていかなくてはいけない過ち、消せない過去、そして毎日こころの中に渦巻く怒り、妬み、そねみ、やっかみ、ヘドロのように絡みついてくる感情を抱えながら生きている。誰にも言えない、言う気もない、けれども十字架の上で苦しむ神の子の前にそれをあなたが一瞬でも語るなら、その一瞬が天国の入口となる。

そしてこれが救いだ。この一瞬を届けるのがキリスト教会だ。そしてわたしはそのために生きている。もちろんこの救いの時が日曜日の午前一〇時半から行われる礼拝でもよい。だが、決してそれだけがすべてではない。本当に救いが必要なひとびとは教会になど来られない。日曜日の朝、疲れ切っていて起きたいけど起きられない。入院していてそのベッドから立ち上がることができない。引きこもっていて家から出ることができない。電車に乗るのが怖い、人混みが怖い、ひとと話すのが嫌でたまらない。酒、ドラッグ、さまざまな依存を抱え、自己嫌悪で死にたいほど苦しんでいる。そのようなひとがたくさんいる。病室の中、刑務所、施設、路上、自室にたくさんいる。そして教会の中にもいる。本当の孤独と痛みを誰にも語れず苦しんでいる者がたくさんいる。

だから、ややこしいことは一度リセットだ。十字架の上で処刑されているイエス、その横で過ちを抱え、生きる痛みに苦しんでいるわたしたちがいる。まずはそれだけでいい。そしてそこには償いも言い訳もいらない。いや、苦しすぎてそれさえもできない。だからわたしたちはその魂の痛みの中で神の子の名前だけをまず叫ぶのだ、「イエスよ!」と。

ゴルゴタの丘で、三本の十字架の上で、三人の男たちが叫んでいた。ひとりの罪人はイエスを罵《ののし》った。「お前はメシアだろ、救い主だろ。自分自身と俺たちを救ってみろよ！」と。極限の痛みと苦しみの中で、神の子イエスを罵ることしかできなかった。そうやってずっと生きてきたのかもしれない。まともな職もなく、誰からも認められず、自分も他人も大嫌いで、それでも神の子を見て叫んだ。「おい、ふざけんなよ！　何が神の子だよ！救ってみろよ！　自分を！　そして俺を！」。これこそ、ひとの叫びだ。神も仏もいないような今日をもがく、わたしたちの叫びだ。

もう片方の男はこう言った。「そんなことを言うな。俺たちは罪を犯したからこうなっている。でもこのイエスというひとは何も悪いことをしていない。イエスよ、あなたが天国に行く時にこんなわたしがいたことを思い出してください」と。この男にも事情があったのだろう。貧しい生活の中で家族を養えず、追い詰められ、気がついたら誰かを殺《あや》め金品を盗んでしまったのかもしれない。「イエスよ、本当はまともに生きたかったよ。貧しくても家族と平和に平穏に過ごしたかったよ。でも気がついたら俺はこんなに汚れてしまったんだ。こんな過ちを犯したから当然俺は地獄に落ちる。でもせめてこんな俺みたいな存在を忘れないで！」。この男の想いをひとことで言えば「こんなわたしを救ってよ！」だ。イエスを罵った男の叫びも裏を返せば「こんなわたしを救ってよ！」だったのではないか。そしてこの男たちの叫びはわたしたちの叫びだ。「こんなわたしを救ってよ！」。このように罪人たちの叫びがこだまする場こそが教会なのだ。

そのような魂の叫びにイエスも呟き返す、いや叫び返す。「はっきり言っておく。あなたは今日わたしと一緒に楽園にいる」と。そう十字架の前で、十字架の上で、変えられない自分、取り戻せない過ちの中、悲しみと痛みの世界の中で何もできない。でも、イエスは叫ぶのだ。「大丈夫だ。お前は地獄には落ちない。お前は今日わたしと一緒に天国に行くのだから大丈夫だ！」と。

罪人たちよ、ようこそ教会へ！　弱いあなたがよい。取り消すことのできない過去を背負っているあなたがよい。過ちに染まったあなたがよい。そのようなあなたのために教会はある。そのやるせない魂のすべてをぶつけられるのは十字架だ。だから今日こそ一緒に叫ぼう。そのままで、その場所で「イエスよ！　こんなわたしを救ってよ！」と。

ほかにも、二人の犯罪人が、イエスと一緒に死刑にされるために、引かれて行った。「されこうべ」と呼ばれている所に来ると、そこで人々はイエスを十字架につけた。犯罪人も、一人は右に一人は左に、十字架につけた。〔そのとき、イエスは言われた。「父よ、彼らをお赦しください。自分が何をしているのか知らないのです」。〕人々はくじを

引いて、イエスの服を分け合った。民衆は立って見つめていた。議員たちも、あざ笑って言った。「他人を救ったのだ。もし神からのメシアで、選ばれた者なら、自分を救うがよい」。兵士たちもイエスに近寄り、酸いぶどう酒を突きつけながら侮辱して、言った。「お前がユダヤ人の王なら、自分を救ってみろ」。イエスの頭の上には、「これはユダヤ人の王」と書いた札も掲げてあった。
十字架にかけられていた犯罪人の一人が、イエスをののしった。「お前はメシアではないか。自分自身と我々を救ってみろ」。すると、もう一人の方がたしなめた。「お前は神をも恐れないのか、同じ刑罰を受けているのに。我々は、自分のやったことの報いを受けているのだから、当然だ。しかし、この方は何も悪いことをしていない」。そして、「イエスよ、あなたの御国においでになるときには、わたしを思い出してください」と言った。するとイエスは、「はっきり言っておくが、あなたは今日わたしと一緒に楽園にいる」と言われた。

《ルカ福音書23・32—43》

#14

わたしは神の子を天国から追い出した

《マタイによる福音書一九章一三―一五節》

あなたは「天国」をどのような場所だと思うだろうか。痛みも悲しみもない楽園。美しい草原、お花畑が拡がっていて皆が平和に暮らしている、そのような場所をイメージするのではないだろうか。だが聖書もイエスも「天国」という場所の様子を全くと言ってよいほど何も伝えていない。その代わりに天国にはどのような者が入ることができるのかをイエスは説いた。「天国は子どもたちのような者が入れるのだ」と。

だがある日、村のひとびとが自分たちの子どもをイエスに祝福してもらおうと連れてきた時に、イエスの弟子たちは彼らに「子どもなど先生に近づけるな！」と追い返そうとした。当時、社会的価値が認められていなかった子どもたちがイエスに触れることなど許されないからだ。だがイエスは弟子たちを逆に叱る、「子どもたちを連れてきなさい！　天の国はこのような者たちのものだ！」と。イエスは社会の常識をひっくり返し、自分たちはまっとうだと思っている大人たちを天国に招かず、取るに足りないとされていた子どもたちを招く。

だがわたしは牧師生活の中でイエスの教えと真逆のことをやり続けてきた。イエスのことばは美談として聞いている分には楽だが、実際にそのことばを実行しようとすればいのちも削らなければならない。現実に子どもには残酷な一面があるし、大人に愛されなかった子どもたち、そして大人になれなかった子どもたちを受け入れるのは易しいことではない。子どもの時に家庭が崩壊し、ずっと虐待され続けた高校生の男の子がある時教会に通い始めていた。彼の家庭は母親不在であり、いつも父親に殴られ続け生きてきたのだ。だから家族に甘えたことや、ありのままの自分を受け入れられたことがなく、その悲しみや怒りをわたしのもとに持って来て大爆発させたのだ。

最初はことばで怒りや悲しみを訴えてきたが、次第に暴力を振るうようになってきた。ある日、会話の途中でいきなりわたしに殴りかかってくるようになった。身の危険を感じ、「話は何でも聞くけれども、もし暴力を振るうなら、申し訳ないが教会から出て行ってもらうよ」と彼に伝えた。だがそれは逆効果だった。彼は教会でさらに怒りをぶちまけはじめた。教会の中でなりふり構わず奇声をあげ、壁や椅子を蹴り始めた。そして全く関係ないひとにまで手をあげ警察沙汰にまでなった。

今思えば、どこまで自分を受け入れてもらえるかと無意識のうちに試していたのだと思う。自分が生まれ育った家庭で得られなかったものを、わたしと教会に求めていたのだ。けれどもわたしには、彼の深い傷とありのままの彼を受け止めるキャパシティがなかった。わたしは彼に、「言ったよね? 教会でもう一度でも暴力を振るったなら出て行ってもらうと!」と伝え、わたしは彼を教会から追い出した。

彼はとても悲しそうな表情で教会から出て行った。この対応でわたしは何人かの教会員から批判を受けた。「ここは教会なのだから、誰でも受け入れなくてはダメだ！」「イエスさまだったらそんなことはしない！」と。そのことばは激しくわたしの胸をえぐった。そうだ、教会は地上の天国のはず、そしてイエスは誰だって受け入れるはず。「天の国はこのような者のためにある」と、わたしはそれを何度もひとびとに伝えてきた。けれども現実はまったく違った。わたしは全くその通りにできていないばかりか、真逆のことを行ってきたのだ。まぎれもなくわたしは偽善者だった。

わたしは、子どものような者、いや、子どもとして与えられるべき愛情と居場所を得られないまま育った子どもを受け入れず、教会から追い出したのだ。そして、わたしはこの聖書のことばが嫌いになった。「子供たちを来させなさい。わたしのところに来るのを妨げてはならない。天の国はこのような者たちのものである」。聞いているだけならば、この上なく美しいイエスのことば。けれども、その通りに行うには残酷なほどに苦しい神のことばだ。

そしてイエスの言うことばは真実だと激しく思う。天の国はまさに彼のような者のための場所だと思う。生まれながらに安心できる場所がなく、暴力を振るわれ続けている彼のための場所だ。

ことばではわたしはそう言い続けてきた。「誰でも教会においで下さい」と招いてきた。けれども実際のわたしはイエスが招いたような者たちを教会、そして天の国から追い出したのだ。天の国に招かれる子どものような者。それは小さくて純粋無垢《むく》でいつも微笑んでいる天使たちではない。時に彼らにはコントロールできない怒りや孤独がずっとこころにあって、それを埋めるためにひとを攻撃しないと生きていけない状況にまで追い詰められている。教会の礼拝、区切られた一時間の中であれば、わたしは彼らに、「あなたはありのままでいい。あなたはそのままで愛されている。大丈夫だよ」と言える。だが、本当に彼らの人生に関わる覚悟をもっていなかったのだ。からだを張って弱いひとびとに生涯を捧げている聖職者たちも存在している。けれども情けないがわたしにはそのような力も覚悟もない。

そして聖書の物語はこのようなわたしに追い打ちをかけてくる。イエスが子どもたちを招いた直後に、ひとりの金持ちの若者がイエスの元にやって来る。彼は幼いときから聖書の掟を守り、真面目に生きてきた若者だ。彼は直接イエスのもとにやって来た。宗教的戒律を守りつつ、だが伝統に縛られず今を生きる者としてイエスのもとに真実を求めてやって来たのだと思う。だがそんな彼を、イエスは「全財産をすべて貧しい者に配ってから来い！」と突き放す。はっきり言って無茶な要求だ。どんなに信仰深くても全財産を施すことなんかできない。きっと彼だって、ちゃんと貧しいものにある程度の施しをしていたはずだ。だが、さすがに全財産は無理だ。自分や家族を養う分は持っていたいし、持っていないと生きられない。そして、彼は天の国の入口から追い払われてしまう。彼は悲しみながらイエスのもとから去って行った。彼は金の亡者ではなかった。聖書の掟を守り、隣人愛をも自分でできる限り実行してきたまっとうな大人だ。だがイエスはこのまっとうな大人を追い返すのだ。「天の国はこのような者のためにあるのではない！」と否定するかのように！　しかし、世界のキリスト教会、少なくともその経済はこのような社会性と一定の財力を持った大人によって支えられている。そして牧師であるわたしは、このような大人たちを最優先にして接してきたのだ。その結果、イエスが最優先にした子どものような者たちを後回しにしたどころか、天の国から追い出すことをしてきた。

そのようなわたしに、イエスの声が激しく迫ってくる。「子供たちを来させなさい。わたしのところに来るのを妨げてはならない。天の国はこのような者たちのものである」と。

イエスよ、ごめんなさい。わたしにはできなかったよ。わたしは彼らを何度も退けた……。あなたが一番に招くようなひとびとを何度も教会から追い出した。そしてあなたが追い返したような大人たちばかりに気をつかっていた。そしてわたしは今もそのようなことをしているのだ……。

そのとき、イエスに手を置いて祈っていただくために、人々が子供たちを連れて来た。弟子たちはこの人々を叱った。しかし、イエスは言われた。「子供たちを来させなさい。わたしのところに来るのを妨げてはならない。天の国はこのような者たちのものである」。そして、子供たちに手を置いてから、そこを立ち去られた。

さて、一人の男がイエスに近寄って来て言った。「先生、永遠の命を得るには、どんな善いことをすればよいのでしょうか」。イエスは言われた。「なぜ、善いことについて、わたしに尋ねるのか。善い方はおひとりである。もし命を得たいのなら、掟を守りなさい」。男が「どの掟ですか」と尋ねると、イエスは言われた。「『殺すな、姦淫するな、盗むな、偽証するな、父母を敬え、また、隣人を自分のように愛しなさい』」。そこで、この青年は言った。「そういうことはみな守ってきました。まだ何か欠けているでしょうか」。イエスは言われた。「もし完全になりたいのなら、行って持ち物を売り払い、貧しい人々に施しなさい。そうすれば、天に富を積むことになる。それから、わたしに従いなさい」。青年はこの言葉を聞き、悲しみながら立ち去った。たくさんの財産を持っていたからである。

《マタイ福音書19・13―22》

NO
Please Take This Cup

#15

ボロボロでカラカラのイエス

《ヨハネによる福音書四章一三―二三節》

ひとは同じ過ちを繰り返す。変えられない自分、他人からは理解されない孤独や弱さを隠しながら生きていく。聖書に登場するサマリアの女はまさにそうだった。彼女は自分を生きることに疲れ切っていた。なんと離婚歴は五回。過去に自分と似たようなパートナーたちと共依存関係を何度も繰り返してきたのであろう。過去に何か大きな傷や痛みがあって依存し合うような関係性しか築けなかったのかもしれない。

二〇〇〇年前の価値観では、結婚は今よりも厳格なものであった。その中で一人目と離婚し、二人目と結婚し、そしてまたまた離婚。周りの目はどんどんキツくなっていく。「この女はどうしようもねえ」「ふしだらだ」と周りはきっとそんな目でこの女を見ていたはずだ。

それでもこの女は「今度こそ」「このひととなら」と思い三回目の結婚をする。だが、同じことを繰り返す。結局はうまくいかなくなり、三回目の離婚。彼女はさらに傷ついていく。「これで最後」「このひとこそ」と決心したつもりが同じ失敗の繰り返し。村の仲間、親戚、家族までも彼女を軽蔑しただろう。「いい加減にしろよ」「一族の恥だ」と言って、みんながこの女から離れていったのだろう。

ひとは生まれながらに選ぶことができない歪んだ家族構成、苦しい環境、その中で深い傷を負う。そして、その傷を深めながらでしか生きていけない時がある。その傷の程度は違えども、誰もがそれでも自分の弱さや傷を隠しながら生きている。なんとかそれを癒し克服しようとするが、すればするほど傷は深まっていく。

　そして孤独という痛みがやってくる前に、麻薬を求めるように同じ過ちに手を伸ばす。目の前に自分と同じような孤独を抱えた男がいたのか、その男と四回目の結婚。けれども続くわけがない。続くわけがないのだ。それは麻薬だから。薬の切れ目が必ずやって来て、破滅を迎えるのだ。再び強烈な孤独と痛みが押し寄せ、さらに強力な麻薬に手を伸ばす。そして五人目の男と結婚する。「今度こそ」とか、「愛している」とか、そのようなことばはもうどこかに置いてきた。自分の闇を最後まで生き抜く儀式のように、この女はもう一度他の男と生きはじめる。だが、結果は言うまでもない。ひとはひたすら同じ過ちを繰り返していく。疲れ切っているこのサマリアの女。「疲れ」なんてことばじゃ追いつかないぐらいに疲れ切って、魂が極限にまで渇ききっているのだ。「信じる」とか「愛する」、そのようなきれいごとはもうどうでもいい。他人の評判や正しさなんて、そんなお行儀の良いことなんて考えてたら生きてはいけない。ただそれでも、その孤独を麻痺させて生きていくために、六人目の男を選んで生きながらまた乾いていく。

　そのような日々のなか、女は照りつける陽射しが一番強い真っ昼間に水を汲みにいく。灼熱の大地の文化ではありえない行動だ。水汲みは重労働。早朝か、もしくは陽が落ちる夕方に行うものだ。けれどもこの女は誰にも会いたくない。誰にも自分を見られたくないし、誰をも見たくない。だから誰も来ない陽射しが一番強くなる時間帯にあえて井戸に出かけて行くのだ。

そんな時、一人の男が井戸に座っているのが見えてくる。イエスというひとだ。状況は違えども、このイエスというひとも大きくて深い孤独を持っていた。誰にも理解されない神の子という使命を持ってこの地上にやって来た。十字架で殺されることにより世界を救うという究極の苦しみ、そのような使命を背負ってこの地上の砂漠にやって来たひとだ。裏切られると分かり、それでもひとを愛し、恩を仇で返され、いずれ忘れ去られると知りつつ、それでも弱き者に救いの手を伸ばし続ける。そして、そのような神の子イエスは生身の人間、ひとであった。ひとがひとであれば、その痛みと孤独を癒さなければ生きていけない。弟子たちが買い物に出かけ、一人になれたこの時間にイエスは井戸で座っていた。キリスト教の伝統の中で、多くのひとびとは「イエスはこの罪深い女を救うためにこの井戸で彼女を待っていた」と言うが、わたしはそうは思わない。

そうではなくて、イエスよあなたは渇いていたのだ。孤独なその旅に心身共に渇ききっていた。四六時中ひとびとに追われ、反対者たちに批判され、いのちを狙われて、日に日に死が近づいてきていた。そして一番側《そば》にいて理解してくれるはずの弟子たちは全くそのことを分かってくれない。何度も何度も話したのに……。

イエスよ、あなたは独りになりたかったのではないか。勝手なひとびとに毎日囲まれて、祭り上げられながらも、誰からも理解されず、極限の孤独の中で疲れ果てて井戸の側に座っていたのではないか。あなたが十字架上の痛みの中で語ったことばは、「わたしは渇く」という呻《うめ》きだった。あなたの生涯は、ずっとずっと渇き続ける苦しみの日々だったのではないか。

そのような日々で出会った訳ありの女、一目見て分かる大きな闇を背負った彼女を見て救われたのは、イエスよ、あなただったのではないか。

わたしも渇いている。日々大勢の中で生きているが、誰にも理解されない、話せない孤独がある。他人からは上手く生きているように思われているかもしれない。けれども、絶対に癒えない傷があり、変えられない環境、自分がある。そんな時に、わたしを救ってくれるのは宗教的教理や正論なんかではない。成功者のノウハウでもない。自分と同じだけ孤独なひと、いや自分よりも深い痛みを持ったひとと出会う時にわたしははじめて癒されるのだ。

重い病を患《わずら》っている者は同じ状況、いや、それ以上に苦しんでいる者に出会う時に、

「わたしだけじゃない」と感じる。大きな過ちを背負う者はやはり同じ経験を持ち、それでも生きようとする者から力を得る。わたしたち、ひとが共有できるのは成功体験や正論ではない。そうではなく、痛みであり、失敗であり、拭うことのできない孤独こそ、わたしたちは共有することができる。イエスよ、わたしがあなたを求めている理由は、あなたの強さや力、清らかなことばではない。

そしてイエスよ、あなたは神の子なのに究極の孤独を持ち、むしろ弱さを持っている。葛藤しながらそれを隠そうとするけれども、時にそれが表に出てしまい、怒り悲しむ。わたしは、そんなあなたの姿に救われているのだ。

イエスよ、あの日、井戸の前で渇いていたのはあの女だけじゃなくて、あなただった。とっさにあなたが言ったことば「喉が渇いたから水を汲んで欲しい」、それはもしかしたら「わたしも寂しいんだ」、そんな本音を伝えようとした一言だったのではないか。その本音をどこかで感じ取ったからこの女は隠している過去を語ることができたのではないか。そして国籍も宗教も違う二人の孤独が共鳴した時にイエスは言った、「これこそ真の礼拝だ」と。そう、同じ民族が同じしきたりで神を礼拝するのではなくて、敵対する民族や宗教者が垣根を超えて、ひととひとが、いや神とひとが孤独を分かち合うこと、これが礼拝だと！

なんてダイナミックなことだろうか。

聖書の全物語の中で、この瞬間が一番好きだ。理由はひとつ、わたしもカラカラにボロボロに渇いているからだ。そして同じように、いやそれ以上に、孤独と闇を背負い渇いている、カラカラでボロボロの神に出会えるからだ。イエスよ、あなたのそのような姿をわたしはもっと見たい。そのようなあなたの声をもっと聞きたい。正論やきれいごとではなくてあなたの孤独を、痛みを、その声をもっともっと聞きたい。その声が今日もわたしを救うから。


イエスは答えて言われた。「この水を飲む者はだれでもまた渇く。しかし、わたしが与える水を飲む者は決して渇かない。わたしが与える水はその人の内で泉となり、永遠の命に至る水がわき出る」。女は言った。「主よ、渇くことがないように、また、ここにくみに来なくてもいいように、その水をください」。

イエスが、「行って、あなたの夫をここに呼んで来なさい」と言われると、女は答えて、「わたしには夫はいません」と言った。イエスは言われた。「『夫はいません』とは、まさにそのとおりだ。あなたには五人の夫がいたが、今連れ添っているのは夫ではない。あなたは、ありのままを言ったわけだ」。女は言った、「主よ、あなたは預言者だとお見受けします。わたしどもの先祖はこの山で礼拝しましたが、あなたがたは、礼拝すべき場所はエルサレムにあると言っています。」イエスは言われた。「婦人よ、わたしを信じなさい。あなたがたが、この山でもまたエルサレムでもない所で、父を礼拝する時が来る。あなたがたは知らないものを礼拝しているが、わたしたちは知っているものを礼拝している。救いはユダヤ人から来るからだ。しかし、まことの礼拝をする者たちが、霊と真理をもって父を礼拝する時が来る。今がその時である。なぜなら、父はこのように礼拝する者を求めておられるからだ。

《ヨハネ福音書4・13―23》

III

絶望よ、
さあ、
かかってこい！

#16

キリストの十字架は失敗だったのか

《マルコによる福音書一五章三三―三九節》

「神の子イエスが十字架で死に、すべてのひとびとの罪を背負った。そして、そのイエスを信じる者は救われる」

キリスト教の中心的な教えだが、こんなにも理解不能な救いはない。神の子イエスが二〇〇〇年前この地上にやってきて、すべての人類の罪を赦すために十字架にかかった。それを救いだと信じる者がクリスチャンであるとしたら、こんなにも難解でハードルの高い宗教はないと思う。

わたしはこう感じている。「多くの奇跡を起こし、この地上でいのちを捧げたイエスは凄い。でも、そのイエスを信じ生きることと今日生きるわたしと何の関係があるのだろうか。そもそも頼んでもいないイエスを送って来てそれを信じろと言われても困る」。わたしはイエス・キリストを信じて三〇年、牧師として一五年生きてきたが、今日《こんにち》でもこう思っているのだ。

確かにこの世界、わたしたちは過ちに満ち溢れている。救いようがないほどにわたしたちは汚れきっている。神の子が十字架でいのちを捧げても足りないくらいに世界もひとびとも汚れきっている。だが、そんなことは神自身が最初から分かっていたはずではないか。もし神が神ならば、最初から人間に罪などインストールしないで、平和に正しく生きられるようにすればよかったはずだ。つまり、汚れきって壊滅的になっている世界の問題は、世界を造った神の責任だ。それなのに神はそれを自分が造ったひとびとのせいにして、ノアの時代に洪水を起こして、世界のありとあらゆる生き物を殺しリセットさえした。

世界を破滅させる人間の身勝手さなど、世界がはじまった日から今日まで何一つ変わっていない。神がどんなに天罰を加えようと、神の子イエスを送ろうとも、世界に平和は訪れはしない。

わたしはキリスト教の牧師でありながらキリスト教を否定しているわけではない。この感覚が分かるであろうか。イエス・キリストの十字架を否定したいわけでは絶対にないのだ。イエスが起こしたたくさんの奇跡、そしてそのことばにはまさに神の力が宿っている。そんなイエスの生き方、ことばに憧れてわたしは今日も生きている。でも分からないし、信じられない想いも常につきまとっているのだ。だがこうやって悩み、疑い、それでも信じようとしている中である日一つのことに気がついた。それは、神が自分の独り子イエスがまさか地上で十字架で殺されるとは思っていなかったのではないか、またイエスもまさか自分がこの世界でひとびとに見捨てられ、犯罪者扱いされて十字架にかけられるなんて思ってもいなかったのではないか、という問いだ。

確かに福音書の中で、イエスは何度も「わたしは十字架にかけられて死に、そして復活する」と言っていた。でも、自分が殺されることを何度も口にしていたイエスが最後十字架で「我が神、我が神、なぜ私を見捨てたのだ」と叫んでいたのだ。なぜ、見捨てられ殺されると自ら公言していたイエスが「なぜ神よ、私を捨てたのか！」と叫ぶのだろうか？　イエス自身、自分が殺されると思ってもみなかったのではないか？　この時点で多くのクリスチャンはわたしの考えを批判するかもしれない。間違っているかもしれない。

聖書の中に四つの福音書があり、四人の記者がそれぞれにイエスの生涯を書いた。だがそれぞれの結末、十字架の上でのことばが皆違うのだ。ルカによる福音書でのイエスは自分を痛めつける兵士たちを赦し、横で同じく処刑されている罪人を天国に招く、まさに究極の赦しと愛に満ち溢れている救い主の姿だ。ヨハネによる福音書での十字架のイエスは、「神よ、成し遂げた！　わたしの霊をあなたにゆだねます」と自らが引き受けた救いのミッションを完了したことを口にして死んでいく。だが、マタイによる福音書とマルコによる福音書は真逆、「神よ！　なぜわたしを見捨てたのだ！」と、ひとと神に捨てられ、悲しみ絶望しながら死んでいくイエスの姿がここにはある。

皆にここで気がついて欲しい。クリスチャンであろうとなかろうと、皆に立ち止まって欲しい。救い主であるはずのイエスが十字架という命がけの救いを成し遂げた最後のことばがそれぞれに違う。違うばかりか真逆なのだ。一冊の聖書の中に、赦しに満ち溢れたイエス、使命を完遂する英雄的なイエス、そして絶望のイエスが混在しているのだ。キリスト教の救いの教えの中心である十字架のことばに違いと矛盾があるのだ！　いくつかのキリストの生涯を描いた映画では、イエスが時間差でこれらのすべてのことばを語ったように描いている。だがはっきり言って、それはこじつけだ。ここには絶対的な矛盾があるのだ。

聖書はそれぞれの巻ごとに書かれた時代と文化が違うし、そこには書いた者のバイアスがかかっている。矛盾がない方がおかしいし、逆になくてはならないのだ。わたしはイエス・キリストを信じようとするすべてのひとに伝えたい。聖書の矛盾を恐れないで欲しい。そしてそれを無理にこじつけて理解しようとか、ひとに説明しないでほしい。矛盾を矛盾のままに、そして分からないものは分からないままに、それでもイエスに向かって欲しい。

聖書の中でイエスの十字架の死が予告されている記述は多くあるが、逆にイエスの死が想定外だったことを伝えるものもある。イエスは自分が十字架にかけられる前ひとつのたとえ話をした。一人の主人が自分のぶどう園を農夫たちに任せ旅に出かけた。いざ収穫の時期がやってきて収穫を分かち合うために主人は使いを数人送る。ところが、農夫たちは収穫のすべてを独占しようと企み、主人の使いを袋叩きにして殺してしまったのだ。異変に気がつき、主人はさらに多くの使いをぶどう園に送った。だが農夫たちはその使いたちも殺してしまった。ぶどう園の主人は諦めず、何とか関係を修復し収穫も分かち合うために、最後に自分の息子を送った。だがなんと農夫たちはその息子さえも殺してしまう。ぶどう園の主人は父なる神、預かったぶどう園を独占した農夫たちはこの世の人間たち、そして最後に農夫たちに殺されてしまった息子はイエス。つまりこれが十字架のたとえ話だとしたら、父なる神は自分の子どもイエスがまさか殺されるとは思ってはいなかったのだ！

もし父なる神が、我が子イエスが殺されることを知らずにこの世界に送ったとしたのであれば、これは神の悲劇であり失敗だ。父なる神が我が子イエスが殺されることを分かっていて、それでも復活させ、それを信じる者を皆救うというシナリオを持っていて、それをイエス自身も承知していたのであれば、そんな予定調和的で台本どおりの救いをわたしは信じたくない。世界とひとびとを馬鹿にしている。だとしたら、最初から世界もひとも造らないで欲しい。

けれども、先のぶどう園の主人のように我が子イエスがまさか殺されると思わず、最後の手段、我が子イエスを送ればひとびとは改心してくれるだろうと神が心底信じていたのであれば、わたしの魂は激しく震えるのだ。父なる神は見ていたのだ。我が子が多くのひとびとを救い、受け入れられていたのに、最後は弟子にさえ見捨てられ、権力者たちによって十字架で処刑されてしまう姿を！　そして父なる神のその胸は激しく張り裂けたのだ。父の後悔、誤算、失敗、怒り、悲しみ、そして我が子の死は父の死そのものでもあったはずだ。

だが父は十字架の上から我が子を救出しなかった。ノアの時代のように怒りに燃えて世界を洪水で押し流したりすることもしなかった。今度こそそうしても良かったはずだ。でも父はそうはしない。イエスを復活させ、そしてひとびとにいのちを奪われたイエスの霊、それでも世界とひとびとを諦めない自分の想い、聖霊を送ったのだ。もしそうであればわたしの魂はこの神の前に激しく震えるのだ。

神の失敗、そしてそれでもひとびとと世界を諦めない神の姿にわたしはただただ震える。その只中でひとびとの手によって殺されていったイエスの姿にわたしの魂は震えるのだ。綿密に計画された完全な救いの計画などにはわたしは救われない。そうではなくて不器用でコミュニケーションが下手で、自分が造ったひとびとに真意を伝えられず何度裏切られても、たとえ我が子のいのちを奪われても、それでもひとびとを諦めない神の悲しみの姿の中にわたしは吸い込まれていくのだ。これがわたしの救いの感覚だ。神は全知全能なんかではない、神は失敗する！　そして神の子イエスは絶望しながら死んでいった。何だろうこの神の姿は。何だろうこのことばにできない感覚は。ただひとつ確かなことがある。わたしは完全な神ではなくて、不器用で失敗し、裏切られ、踏みにじられる神、悲しみと絶望を知り尽くしている神が好きだ。

昼の十二時になると、全地は暗くなり、それが三時まで続いた。三時にイエスは大声で叫ばれた。「エロイ、エロイ、レマ、サバクタニ」。これは、「わが神、わが神、なぜわたしをお見捨てになったのですか」という意味である。そばに居合わせた人々のうちには、これを聞いて、「そら、エリヤを呼んでいる」と言う者がいた。ある者が走り寄り、海綿に酸いぶどう酒を含ませて葦の棒に付け、「待て、エリヤが彼を降ろしに来るかどうか、見ていよう」と言いながら、イエスに飲ませようとした。しかし、イエスは大声を出して息を引き取られた。すると、神殿の垂れ幕が上から下まで真っ二つに裂けた。百人隊長がイエスの方を向いて、そばに立っていた。そして、イエスがこのように息を引き取られたのを見て、「本当に、この人は神の子だった」と言った。

《マルコ福音書15・33—39》

#17

信じ続けるよりも疑い続けることを

《マタイによる福音書一一章一―一二節》

「信じる」ということは迷い続けることだ。「神を信じる」ということにおいては特にだ。「イエス・キリストを信じる」ということは全知全能の神の真理をすべて理解し、神の子イエス・キリストの存在をまったく疑うことなく信じることではない。逆に「全知全能」「真理」「疑いなく信じる」……これらのことばがかえって宗教を近寄りがたいものにしている。

このような市民の日常から遠く離れた信仰の概念は、ひとを神から遠ざけるばかりか、宗教の中にいる信仰者までをも苦しめている。「信じる」ということは一点の迷いもなく信じられるということではなく、むしろその逆だ。疑って、迷って、信じられなくて、それでもあきらめずそこに一本の糸のような一筋の光を探し続ける。これが信じるということだ。

なぜこんなにも大胆なことをわたしが言い切るかというと、聖書の中で誰よりもイエスを信じ、世界にイエスを伝えた人物が、人生の最後にイエスを信じ切ることができなくなったからだ。聖書に出てくるバプテスマのヨハネは、預言者として荒野にいて、ヨルダン川の水でひとびとの罪を赦す洗礼（バプテスマ）を授けていた。そして「キリストがやってくるからお前ら準備をしろ。今までの過ちを全部悔い改めて、救い主キリストを迎える準備をするのだ」と、もうすぐキリストがやって来ることを世界に向けて叫んでいた。そしてそのことば通り、やって来たイエスにヨハネが洗礼を授けた。

つまりヨハネは、イエスの存在をこの世界で誰よりも熱心に伝え、自らの手で洗礼を授け、イエスの活動をスタートさせた最重要人物である。しかもヨハネとイエスとは親戚関係にさえあった。ヨハネの母エリサベトはマリアの親戚であり、やはりマリアと同じように実の父親からではなくて神の霊によってヨハネを授かっている。つまりヨハネとイエスは地上での血縁関係のみならず、生まれる前から魂のレベルで繋がっていたのだ。魂の兄弟とさえ言えるこのイエスの登場を世界にアピールし、救いを求める民衆のみならずイエスにさえ洗礼を施したヨハネは世界に救いの夜明けをもたらした男だった。

それればかりではない。ヨハネは強い信念と正義感を持ち、地方の最高権力者ヘロデのスキャンダルを臆することなく真っ向から批判した。ヘロデは異母兄弟の妻を自分のものにしていた。権力者のスキャンダルなどに首を突っ込まなくてもよいのに、ヨハネはそれを激しく非難する。そのことで反感を買い、牢屋に入れられ、最後は首を切られて命を落とす。

強い信念とそれに裏打ちされた行動力をヨハネは持っていた。だがそのヨハネが最後にイエスを疑い出すのだ。生まれる前から繋がっていて、誰よりもイエスが救い主であることを時代の最前線で伝えていたヨハネが最後にはイエスを信じ切れなくなるのだ。

誰よりもイエスを知り、誰よりも強く、何も恐れずイエスを世界に伝えた男が、イエスを疑い、ついには信じられなくなったのだ。この事実を前に、あなたはイエスを信じていると言い切れるのか？　あなたに、ヨハネの強さを超えた信仰があるとでも言うのか？


ヨハネは真実なひとの姿を教えてくれる。どんなに強い者でも、たとえ歴史を変えるような人物でも、絶対的な弱さを持っているということをヨハネは教えてくれるのだ。ヨハネをそうさせたのは痛みや不安、そして強い信心を持ち続けたゆえの反動だった。ヘロデによって牢屋にぶち込まれ、拷問され、毎日散々な目に遭わされ、いつ殺されるか分からない恐怖に襲われ続けていたのであろう。「そこでこそ信仰が支えになった」というような傍観者がつくりあげる美談はいらない。ヨハネは極限の中で弱くさせられ、何よりも強かった信仰は儚《はかな》いホタルのように弱く揺れ出したのだ。

牢屋の中でヨハネは、面会に来た自分の弟子たちをイエスの元へ向かわせる。そして自分の不安や迷いを弟子たちを通してイエスに尋ねさせた。「来るべき方はあなたですか。それとも、他の誰かを待たなくてはなりませんか」と。これは「イエスよ、あなたは本当に救い主なのですか？　それともあなたは救い主ではなくて、別の本当の救い主がやって来るんですか?」という質問、いや疑いだ!

あのバプテスマのヨハネがそう聞いたのだ! 世界中の誰よりもイエスを信じ、イエスについてひとびとに説いていたヨハネがイエスを疑い出したのだ! 面会の時に弟子たちは、ヨハネに「あなたが洗礼を授け、あなたが押し出したあのイエスが奇跡を行い、盲目のひとを、手足に障がいがある者を、そして不治の病のひとびとさえ癒しています。民衆はイエスを救い主だ!と崇めています」と報告した。だが、極限にまで追い詰められていたヨハネはそれを喜べない。痛みと不安はひとのこころを蝕《むしば》み、人格さえ変える。イエスがそのようなヨハネを感じ、「彼が活動し始めたときから今に至るまで、天の国は力ずくで襲われており、激しく襲う者がそれを奪い取ろうとしている」と言った通りだ。神のひとヨハネは、全力で地上の権力に襲われ、握りしめていた天の国、イエスへの信仰さえ奪われようとしていたのだ。

その中で、人間ヨハネは想ったのではないか。「イエスよ、ひとびとの目を開けるなら、手足を治すなら、病を癒せるならわたしを救ってよ……」「イエスよ、あなたを世界に伝え、あなたに洗礼を授けたわたしは今、牢屋の中で殺されそうだ。ひとびとを救う前に、まずわたしを助けてよ‼」。ヨハネはそう想った、いや想うどころか怒ったのではないか!

ヨハネの信仰は、痛みや不安を前にひっくり返されようとしていたのだ。死をも恐れず、領主ヘロデにさえ立ち向かった強さは、そこにはもうない。見張りの兵士の足音が聞こえてくれば、それは自分の処刑を告げ知らせる死の足音だ。そのこころも信仰も徹底的に傷めつけられ消えそうになっているのだ。

ひとには絶対的な強さなどない。わたしたちのこころは強くできていない。試練の中で、病の中で、人間関係の問題の中で、わたしたちのこころは弱くなり、絶望や疑いで満ちて、激しく揺れていく。そしてついに、痛みや恐怖の中で激しく揺れて壊れそうになっていくのだ。それでも神を信じ抜ける強さなどはない。牧師をしていて、わたしは神や家族を呪いながら死んでいったクリスチャンを何人も見た。それがまた、ひとの真実の姿でもあるのだ。

この本を手に取ってくれているひとびとも皆そうだと思う。誰もが不安や痛みの中で激しく揺れている。職場や家庭、喫茶店、路上、教会、そして病室で、そのこころは小きざみに、時に激しく揺れている。神を信じられず、本当は神への怒り、失望、疑いが渦巻いているのではないか。いやわたしこそ、そのような者だ。自信を持って、キリスト教をさまざまな場で語っているように見えるかもしれない。だが、いつもこころは不安でグラングランに揺れている。失敗し、批判され、傷つき、失い、この弱いこころは激しく揺れ、神を信じている確信や喜びなどどこかに吹っ飛んでしまっている。あなたもそうではないか。

どんなにイエスを信じようとしても、イエスはわたしの願うタイミングや方法で痛みや不安を取り除いてはくれない。そればかりか、生きる痛みと不安は日々増すばかりだ。いつしかやってくる絶望を前にわたしの魂は叫ぶ。「あなたは本当にいるのか！　この狂った世界を、そしてわたしを救ってよ！」と。

そして、ヨハネは消されていった。救いの希望を世界に届けたヨハネは痛めつけられ、そしてその信仰は捻《ね》じ曲げられ、踏みにじられ、ヨハネは消されていった。消されようとしているヨハネのいのちと信仰を察知したのか、イエスは言った。「はっきり言っておく。およそ女から生まれた者のうち、洗礼者ヨハネより偉大な者は現れなかった」と。

ヨハネはイエスを信じられなくなったのではない。疑いの中でも、それでもイエスを伝える者、いやイエスを信じたい者として人生という荒野で叫び続けていたのだ、「わたしを救ってよ！」と。信じるとか信じないとか、そのようなことをことばにしなくてよい。ただただ叫ぼう。その不安と痛みの中で「わたしを救ってよ！　救い主ならわたしを救ってよ！」と。

イエスは十二人の弟子に指図を与え終わると、そこを去り、方々の町で教え、宣教された。
ヨハネは牢の中で、キリストのなさったことを聞いた。そこで、自分の弟子たちを送って、尋ねさせた。「来るべき方は、あなたでしょうか。それとも、ほかの方を待たなければなりませんか」。イエスはお答えになった。「行って、見聞きしていることをヨハネに伝えなさい。目の見えない人は見え、足の不自由な人は歩き、重い皮膚病を患っている人は清くなり、耳の聞こえない人は聞こえ、死者は生き返り、貧しい人は福音を告げ知らされている。わたしにつまずかない人は幸いである」。ヨハネの弟子たちが帰ると、イエスは群衆にヨハネについて話し始められた。「あなたがたは、何を見に荒れ野へ行ったのか。風にそよぐ葦か。では、何を見に行ったのか。しなやかな服を着た人か。しなやかな服を着た人なら王宮にいる。では、何を見に行ったのか。預言者か。そうだ。言っておく。預言者以上の者である。『見よ、わたしはあなたより先に使者を遣わし、あなたの前に道を準備させよう』と書いてあるのは、この人のことだ。はっきり言っておく。およそ女から生まれた者のうち、洗礼者ヨハネより偉大な者は現れなかった。しかし、天の国で最も小さな者でも、彼よりは偉大である。彼が活動し始めたときから今に至るまで、天の国は力ずくで襲われており、激しく襲う者がそれを奪い取ろうとしている」。

《マタイ福音書11・1―12》

＃18

聖書は聖なる絶望の書物

《ヨハネによる福音書五章二―九節》

「もう死にたい……」「生きている意味がない……」。起き上がる力もなく、今やっとの思いでこの本のページをめくっているひとがいる。宗教はひとに希望を与えるものではあるが、その逆もあってしかり。宗教はひとに絶望を与える。言い換えれば、本物の宗教はひとに無理に希望を与えず、正しく絶望することを教えてくれる。

聖書の中に三八年もの間寝たきりの病で苦しんでいる男がいた。もしかしたら生まれてこのかた一回も自分の足で立ったことがなかったのかもしれない。健康に生活した日など一日もなかったのかもしれない。そうであれば、世間が言う「普通」「健康」という概念をこの男は体験したことがない。イエスはそのような男のところにいきなりやって来て上から目線で、「お前、良くなりたいか?」と問いかける。

このイエスの質問の無神経さを、生まれつき足の障がいを抱えている友人が教えてくれた。「この物語は馬鹿げている」「良くなりたいかって、一度も普通に歩けたことがないから何が良いかさえもわからないんだよ!」と。その彼はクリスチャン。これ以上に説得力のあることばはなかった。聖書を読むことは、書かれていることを素直にそのまま信じることではない。神からの問いかけに、「ふざけるな!」と全力で抗《あらが》うこと、これが真の意味で神と対話することであり、また聖書を読むということではないか。

イエスが「おい、良くなりたいのか?」と聞いたとき、男は訳の分からない返答をする。「主よ、水が動くとき、わたしを池の中に入れてくれる人がいないのです。わたしが行くうちに、ほかの人が先に降りて行くのです」。このベトサダの池の横には不治の病で家族からも見捨てられたさまざまな病人たちが集い何とか生活をしていた。そしてそこにはこのような不思議な言い伝えがあった、「池の水が何かの力によって動く時に奇跡が起きる。池の水が動いている時に水の中に入れば癒される」。

だが、三八年寝たきりだったこの男は、水の中に入ったことなど一度もなかったのだと思う。立つことも歩くこともできないから、水が動く時に瞬時に池に入ることなどできないのだ。男は「良くなりたいです。イエスさま、わたしを助けてください!」とは言わない。「立てるようになりたい! 歩けるようになりたい! 何とかしてこの生活から抜け出したい!」そんな想いさえ、この男からはもう削《そ》がれている。

極限的な痛みや悲しみの中にいると、希望さえ自分を傷つける凶器になり、持っていれば持っているほど、結局は叶えられない現実をただただ突きつけられる。だったらそんな希望など持たずに絶望の中に留まることをひとは時に選ぶ。

またある時、難病ALSを患い歩くことができなくなってしまった友人が本音を教えてくれた。「こうなるとね、死ぬことが希望になるんだよ。死は僕にとって魅力なんだ」と。当然、「そんなこと言わないで生きて！」「きっとそれでも希望が見つかるから！」などと気休めを言う気にはならなかったし、言ってはならないことばだった。そして友人のことばは、ただただ重い現実を生きる真実のことばだった。

わたしに真実の聖書を教えてくれるのは、立派な教師ではなくこのような友人たちだ。神を信じていても人生はハッピーエンドでは終わらない。逆に、神を信じているがゆえに感じる絶望、その想いを紡いでくれる友人たちはわたしに本当の信仰を教えてくれる。

そうだ、本当の絶望、いのちの崖っぷちに立たされているひとびとにとっては、ありきたりで表面的な希望など何の薬にもならない。中途半端な慰めよりも、「消えてしまえること」「死を迎えること」の方がよっぽど救いなのだ。そしてこれは難病や障がいを抱えたひとびとだけの話ではない。聖書の物語でも遠い誰かの話ではなく、日々絶望の丘に向かって進んでいるわたしたちの物語なのだ。

聖書には希望や喜びのことばが溢れているのと同じように、絶望の叫びがたくさん記されている。聖書は希望の書物でありながら、同時に絶望の書物だ。詩編もさまざまな人物の絶望や怒りの叫びで満ち満ちている、「神よ、あなたはわたしから愛するひとも、親しいひとも奪い去った。わたしの友人は暗闇だけになった！」「神よ、なぜわたしを見捨てたのだ！」

そう、神の子イエスさえも、この絶望の詩編を口にして死んでいったのだ。あるいは、聖書の中で正しいひととされていたヨブは何度も絶望に襲われた。自分の家畜を奪われ、子どもたちさえも奪われたのだ。そればかりか、今度はヨブ自身の身体が病で蝕まれる。皮膚が爛《ただ》れ、それがヨブだとはわからないほどになった。そしてヨブは神を呪うように何度も絶望を口にした。「もうたくさんだ、いつまでも生きていたくない。ほうっておいてください。わたしの一生は空しい！」と。また、「なぜわたしは、葬り去られた流産の子、光を見ない子とならなかったのか！」と、自分の生まれたことさえ呪ったのだ。

そう、聖書は希望の書ではなく絶望の書だ。そして、その絶望のなかで格闘し続け、それでも生きるひとびとの姿を見せている。イエスさえも絶望したのだ。仲間たち全員に裏切られ、リンチされ、裸にされ十字架で見世物になり、「神にさえ見捨てられた」と口にして死んでいったのだ。これ以上の絶望があろうか！　神の子が絶望したのだ！　だから、はるかに弱いわたしたちが絶望していないはずがない。もっと絶望を叫んでよいし、叫ばなければ希望など見えるはずもない。

ある統計では、教会に通っているクリスチャンでも九割のひとは教会の中で表面的な悩みは話せても、自分の本心、絶望を誰かに話していないという。遠慮があり、そこにはそのような話ができる雰囲気さえないのであろう。だが、「自分より苦しい想いをしているひとがいるから、こんなことを話せない」と、気持ちにフタをする必要はない。絶望に大小はなく、またひとと比べるものでもない。他人には理解されないからこそ、それは絶望なのではないか。叫ぼう、呟《つぶや》こう、その絶望を。耐えるのが美徳、黙って苦しみを口にしない姿は立派かもしれない。だが、教会の上に立てられているのはイエスが絶望した十字架だ。絶望の叫びの下にひとが集まっているのだ。そこには偽善や表面的な救いなどいらない。そうではなく、ここここそ安心して絶望を吐き出せる場所だ。「もう生きていたくない！」「わたしなんかいない方がよい……」「もう生きていたくない」。そう遠慮なく絶望できる場所がキリスト教会なのだ。だが残念なことに、教会は苦しむ世のひとびとの場所になれていない。だから社会に安心して絶望できる場所がないひとびとは、バーチャルな世界、匿名の世界、SNSなどで「死にたい」と呟く。こうした匿名で何度も呟かれ、叫ばれる「死にたい」の本当の声は「誰か助けてよ！」「誰かわたしを見つけてよ！」という叫びではないか。

本当に絶望している時、教会に行ったり、誰かに会ってわざわざ話したりする気力など到底ない。それでもいい。そうであれば、今いるそこで叫ぼう、「神よ、もう生きていたくないよ！」と誰かに叫ぼう。神に向かって叫ぼう。絶望の神イエスに向かって叫ぼう。

次頁に一枚の写真を載せている。十字架にかけられたイエス像の写真だ。神の子であるはずのイエスがひとびとに妬まれ裏切られ、何も罪を犯していないのに処刑されてしまったのだ。このイエスは絶望を知っている。この神の子はあなたの名前そしてあなたの絶望をも知っている。そしてこのイエスはあなたと一緒に絶望し、一緒に神に向かって怒ってくれる。この十字架のイエスと共に叫ぼう。「神よ！　ふざけるな！」と。

エルサレムには羊の門の傍らに、ヘブライ語で「ベトザタ」と呼ばれる池があり、そこには五つの回廊があった。この回廊には、病気の人、目の見えない人、足の不自由な人、体の麻痺した人などが、大勢横たわっていた。さて、そこに三八年も病気で苦しんでいる人がいた。イエスは、その人が横たわっているのを見、また、もう長い間病気であるのを知って、「良くなりたいか」と言われた。病人は答えた。「主よ、水が動くとき、わたしを池の中に入れてくれる人がいないのです。わたしが行くうちに、ほかの人が先に降りて行くのです」。イエスは言われた。「起き上がりなさい。床を担いで歩きなさい」。すると、その人はすぐに良くなって、床を担いで歩きだした。

《ヨハネ福音書5・2—9》

Photograph by Michael Gaida

#19

赦せないよな、赦さなくていいよ

《マタイによる福音書一八章二一―二二節》

「赦す」ということ、これほどひとを苦しめる概念はない。「赦し」はキリスト教の中心的メッセージではあるが、また同時に極めて矛盾に満ちたものであるとわたしは思っている。自分を傷つけた相手、敵を赦すことなんて口で言うほど簡単なものではない。

ある時、弟子のペトロがイエスに問いかけた。兄弟が罪を犯してきたのであれば、何度まで赦したら良いですかと。イエスについてきた弟子たちとはいえ、赦せない奴らがたくさんいたはず。ある弟子たちは「雷の子」と呼ばれていた。つまりすぐに激怒する、荒くれ者たちだったのだ。ある弟子はイエスの最後の夜、ユダの裏切りによって逮捕された時に持っていた剣で兵士の耳を切り落としさえした。

イエスの弟子たちは穏やかな人格者集団ではなかった。漁師出身の弟子たちは、日々雨風の中、怒鳴りあいながら魚をとっていただろうし、税金取りだった弟子はひとをひととも思わず、毎日税金を搾《しぼ》り取っていたに違いない。けれども、そんな弟子たちでもイエスの生き方を見て、そのことばを聞いてこれまでの価値観が揺さぶられはじめた。

それが「赦す」ということだ。どんな相手でも何をされても「赦せ」と言うイエスを到底理解できなかったのであろう。「やられたらやり返せ」が当時の常識でもあり、聖書にさえ「目には目を、歯には歯を」、つまりやられたら同等の復讐をしてよいと書いてある。

無条件で相手を赦すなどという概念そのものがなかったのだ。だから弟子たちはけげんそうに尋ねる。「相手を赦せとか、敵さえ赦せと言うけど、何回まで相手を赦したら良いですか？　七回までですか？」と。

イエスは彼らの質問の魂胆を見抜いていた。だからいつものようにその思惑、彼らを縛りつけている常識をひっくり返してゆく。「七回どころじゃない。七の七〇倍赦すんだよ！」。七の七〇倍、四九〇回、つまりそれはどこまでも赦し続けなさいということだ。

イエスよ、わたしは赦せる。たとえば遅刻癖があるひとを何度だって赦せる。

イエスよ、わたしは赦せる。いつも文句や批判を浴びせてくるひと、何とか赦せる。そんなことは七の七〇倍どころじゃない、三六五日毎日だ。

でもイエスよ、わたしは赦せない。暴力を振るってくるひと、悪意を持って攻撃してくるひと、妨害をしてくるひと。絶対に赦さない。わたしは牧師をしているから、赦したふりをしているけれども、何とか歯をくいしばって赦したふりをしているだけだ。

あの日言われたこと、自分を全否定しわたしの大切なものを傷つけたことは一生忘れない。

もちろん、わたしが誰かを傷つけてきたこともたくさんある。がしかし、自分を棚にあげてもはっきり言いたい。悪いけれども牧師は人間の感情のごみ箱じゃない。もちろん、どんな気持ちだって受け止めたいし、そうありたいと思う。だが牧師は何でもかんでも吐き出していい、投げ込んでいいごみ箱じゃない。「関野牧師、またそんなこと言って」と思っているあなた、あなたもそうなのではないか？

「クリスチャンだから」「牧師なのだから」とかっこうつけて、自分は赦さなくちゃいけないんだと、何度も自分に言い聞かせてそれでも赦せなくて、やがてこころが壊れそうになっている、そうやってまた信仰と現実の感情の矛盾を隠しているのではないか。

わたしの牧師仲間に何人もいる。攻撃され続けて、文句を言われ続けて、それでも我慢し続け、そのまま病気になってしまった仲間がいる。そして牧師を辞めた者も、苦しすぎて自らいのちを絶ってしまった者もいる。イエスよ、それでも赦せと言うのか？　人生を狂わされて、それでも七の七〇倍どこまでも赦せと言うのか？

イエスよ、無理だよ……。

イエスよ、無理だ。あなたが言った「七の七〇倍赦しなさい」、このことばゆえに苦しんでいるひとがたくさんいる。現実を見て欲しい、しっかりとこの現実を。教会の礼拝で「相手を赦しましょう」とメッセージを語ることは実はさらにひとを傷つけることなのだ。イエスよ、見てくれ、「本当は赦したいけど絶対に赦せない」、そのような思いで毎日苦しんでいるひとがこの現実にいるのだ。

家族を殺されてしまったひとがいる。レイプされたひとがいる。

身体を傷つけられたひとがいる。消えない傷や恐怖心を植え付けられたひとがたくさんいる。大切なものを壊されてしまったひとがいる。

そのようなひとに、「赦しましょう」と言うことは暴力だ。

キリストよ、それでも赦せと言うのか？

キリストよ、あなたはどんなことでも赦せと言うのか？

かけがえのないものを奪われてしまったひと、絶対に癒されることのない傷を付けられてしまったひとは赦したくたって赦せないんだ。

毎日そうやって苦しんで生きているひとに、「赦しましょう」なんて言えるわけがない。ましてや、「七の七〇倍赦しましょう」などと言えるわけがない。「神様を信じれば赦せますよ」とか「信仰があれば赦せるでしょう」なんて言わせない。

それどころか、聖書を読めば神こそ怒りに燃えて、ひとを赦してなんかいないことが分かる。ノアの箱舟の物語がまさにそうだ。神は堕落した人間の世界に激怒し、後悔し、そして洪水で押し流した。自分が造った世界を後悔し、水で押し流した。冗談じゃない。神よ、あなたこそ赦していないではないか。

そして神の子イエスよ、あなたは本当に赦せたのか？　弟子に裏切られ、金で売られてもなお赦せたか。不当に逮捕され、徹夜で裁判にかけられた夜、あなたは敵を赦すことができたのか？　殴られて、唾《つば》を吐きかけられ、侮辱されたことを、イエスよ、イエスよ、あなたは赦せたのか？　その瞳に、それでもいつくしみや慈愛など残されていたのか？

いばらの冠を頭にかぶせられ、十字架に釘ではりつけにされた時、敵の兵士たちのために「父よ彼らをお赦し下さい」と神に願っていたが、イエスよ、あなたは本当に赦せたのか？　そのこころは穏やかでいられたのか？「わたしは、あなたのことを捨てない」と言った弟子たちが、「イエスなんて知らない」と言って逃げてしまったことを……。

イエスよ、あなたは赦せているのか？　七の七〇倍、あなたは赦すことができたのか？

そうじゃないはずだ！

イエスよ、きっとそうじゃないはずだ！

神の子だったあなただって、ひとのこころを同時に持っていた。あなたは、ひとの身体を持っていた。汗が流れ、血がしたたる肉体を持っていた。痛みを感じ、悲しみを抱え、怒りだって持っていたはずだ。

だとしたら、いやだからこそイエスよ、赦せなかったはずだ。いや、これはそうであって欲しいというわたしの願いかも知れない。イエスよ、あなたが墓から復活した時、あなたのその手、その足には、傷跡が残っていた。十字架に釘で打ち付けられた傷跡。それは、弟子たちから見捨てられたことを表す、悲しみの傷跡でもあった。

キリストよ、あなたには消えない傷跡があった。あなたはきっと傷跡を見るたびにあの日の苦しみを思い出したはずだ。傷口を見るたびに、あの日の悲しみや怒りが何度も蘇ってきたのではないか。

イエスよ、あなたが言った「赦す」ということはなかったことにするとか、怒りを少しずつやわらげるとか、相手を無条件に受け入れるとか、そんなことではないだろう。上を向いて生きていくとか、前を向いていこうとか、そんな偽善的なことばは人間の現実の中では何の意味もない。

感情というものはやっかいなもの。フタをしたつもりが、もう解決したと思っていても、予想もつかない時に激しく自分の中に蘇る。苦し過ぎる過去、赦せない怒りは悪魔のように激しく自分を振り回してくる。赦せない感情、燃える怒りの感情を手放せたらどれだけ楽になれるだろうか。だが、それがわたしたちにはできないのだ。

赦しとはひとつの到達点ではなくて、生きる限り苦しみながら追い求めるものなのではないか。イエスが弟子たちに教えた「主の祈り」の一節に「わたしたちに罪を犯すものを赦します。そしてわたしたちの罪も赦して下さい」とある。クリスチャンは日々これを声に出して祈る。すなわち、赦せない怒りも赦されない悲しみも、まさに十字架のように人生の最後の日まで背負って生きなければならないのではないか。七の七〇倍、どこまでも赦せとは、「終わることのない怒りと悲しみ、それを背負いながら、わたしと一緒に最後まで行かないか？」という傷口を持ったイエス、あなたからの招きなのではないだろうか。

そのとき、ペトロがイエスのところに来て言った。「主よ、兄弟がわたしに対して罪を犯したなら、何回赦すべきでしょうか。七回までですか」。イエスは言われた。「あなたに言っておく。七回どころか七の七〇倍までも赦しなさい。

《マタイ福音書18・21―22》

#20

ユダは裏切り者なんかじゃないだろう?

《マタイによる福音書二七章三—一〇節》

イスカリオテのユダ、イエスを銀貨三〇枚で売り渡し、キリストのいのちを十字架へと追いやったユダ。この男により、イエスが十字架につけられた。「裏切り者」のレッテルを貼られているユダ。けれども彼の性格、どのような人物だったかは知られていない。

そのような中で聖書を開き何が起きていたのかを探る時、ユダは極悪人ではなかったことに気がつく。むしろ、真面目で誠実なひとであったとわたしは信じている。

ユダはイエスの弟子の一人で、会計を任されていた。代表的な弟子のペトロやヤコブ、ヨハネ、トマスはイエスの前でドジをしたり、下心を丸出しにして失言したり、怒ったり、悲しんだりと、そのひととなりが描かれている。けれども、ユダに関してはほぼ何も書かれていない。福音書は弟子の成功よりもむしろ失敗を書いている。そう考えるならば、ユダは失敗が少なかったと言われる。ユダはグループの活動費や食費などすべてを管理していた。つまり神の国の活動の財源を任されていたのだ。弟子の中には税金取り、不正に金を民衆から絞っていたとはいえ、金勘定のプロもいた。なのにどうしてユダが選ばれたのだろうか。

きっと、イエスを含め弟子たち全員が、「あいつにだったら任せられる」「あいつにだったらお金を託して大丈夫だ」、そんな信頼があったからであろう。金勘定のプロとはいえ、昨日までひと様の金を絞りとっていた者に任せるのはやはり危うい。他の弟子たちも気性が荒い奴が多いし、漁師は金勘定なんてしたことがない。そこで白羽の矢が立ったのがユダだったのではないか。

皆からの厚い信頼があり、能力もあったのであろうユダは、活動費のすべてを預かり、日々それを管理し、目立たないけれども縁の下の力持ちとして仕事を続けてきたのだ。このようなひとがどこのコミュニティーにも、会社にも教会にも、そして家庭にも必要だ。そういうひとがいなければ組織や事柄が回っていかない。ユダとはそういうひとだったのだと思う。

聖書には「彼は、盗人であって、その中身をごまかしていたから」と書いてあるけれども、聖書に書かれたことばをよく読んでみると「彼はその中身を自分の思いで使っていた」そう書いてある。「自分の思い」とは何だったのだろうか？　きっとそれは勝手に浪費していたのではなく、ユダの最善の策だったのだと思う。「ここで節約すれば何とか回っていく」「こうすれば、次の村に行ける」「パンが安いこの村で買いだめしておこう、そうすれば皆の明日までの食料が確保できる」。そうやって自分で知恵を振り絞り、何とか最善を尽くし切り詰めてやってきたのではないだろうか。

けれどもある日、事件は起きた。ベタニア村のマリアが、兄弟ラザロを生き返らせてもらったこと、そして自分自身を救ってくれたことの感謝として、突如何百万円もする香油の壺を割り、イエスにそれを注いだのだ。それはマリアの最大限の感謝だったし、イエスはそれを「十字架にかけられるわたしへそうしてくれているのだ」と説明した。けれども、ユダの感情はそこについていけなかった。それを見た瞬間、ユダはブチキレてしまった。

自分は少しでもみんなを助けたいと思って切り詰めてやってきたにもかかわらず、ひと時も離さず守っていた財布に入っていないような金額の香油が、目の前で湯水のようにイエスに注がれたのだ。

これまでユダは予測不可能なイエスのやり方に何度も何度も自分の本心を呑み込んだはずだ。「なぜ、ここで、ありったけの金を使って食事を配ってしまうんですか？」「弟子たちだって、あなただって食べてないはず。なぜここで、この金を使うんですか？」。何度も何度も疑問を持ったけれども、それを口にせず耐えていた。

イエスの破天荒さ、周りの弟子たちの無神経さの狭間で「なぜ、そんなことをするのだ！」と怒りを感じ、だがそれを端に寄せて、歯を食いしばり忍耐し続けてきたのではないか。現実社会にもそのように働いているひとがたくさんいる。会社で、教会で、家庭で、自分の感情を押し殺し、周りのひとびとのために懸命に努力しているひとがたくさんいる。

ユダはその代表だったと思う。だがそんなユダの誠意を認めることなくイエスは言った。「貧しいひとびとはいつもあなたがたと一緒にいるが、私はいつも一緒にいるわけではない。マリアは良いことをしたのだ」と。

コツコツと働いてきた自分は褒められず、突飛な行動でマリアは褒められる。この一言にユダの気持ちは爆発した。

真面目にコツコツ積み上げ努力しているひとを追い詰めてはならない。わたしは何人も見てきた。誰からも信頼されるような真面目なひとが、ある日いきなり性犯罪や傷害事件を起こしてしまうことを。真面目なひとを追い詰めると、感情と行動が思わぬ方向に暴発してしまう。イエスが神の子であればそのくらいは分かっていたはずだ。真面目に積み上げてきたひとのプライドを傷つけてしまうと、どのようになるか。

堪忍袋の尾が切れたユダは、怒りのコントロールが効かず、とっさにイエスのいのちを狙っていた祭司たちのもとに出かけ、「イエスを引き渡す」、つまり金で売り渡す約束をしてしまうのだ。銀貨三〇枚。一〇〇万円に満たないほどの金だろうか。だが、ユダは金が欲しかったのでも、イエスが憎くてたまらなかったのでもない。抑え込んでいた感情が爆発し、自らも信じられないような行動をとってしまったのだ。いざ自分が売り渡してしまったイエスが死刑になると聞いた時、ユダは握りしめた銀貨三〇枚をもって祭司長たちのところに直訴しに戻る。「わたしは罪のないひとの血を売り渡してしまった」「わたしは罪を犯した」「私の先生、イエスさまを返してくれ！」と。

冷静さを取り戻したユダは自分がとんでもないことをしたと気がつき、イエスを彼らの手から取り戻そうとした。真面目で実直だったと思う。そして、このようなひとびとが社会を支えている。このようなひとが必要だ、会社にも教会にも、そしてあなたの家庭にも。そしてイエスよ、あなたもそんなユダを必要とし、声をかけて自分の弟子にしたのだろう。ユダは真面目なひとだった。いざ祭司長たちに「金を返すからイエスさまを元に戻してくれ！」と直訴するものの、それが叶わないと知ると、木で首を吊り自らいのちを絶ってしまったのだ。ユダは真面目だ。他の弟子たちだってイエスを裏切った。けれども、彼らは逃げ出し身を隠しながら生き延びた。だけれども、ユダはそうやって自分や現実をごまかして生きてはいけない。ユダは真面目なひとだ。

わたしは現実世界で、同じように真面目なひとびとが自らいのちを絶ってしまうのを何度も見てきた。誰よりも周りを優先し、自分を後回しにするひとびと。不器用で世渡りはうまくなくても、コツコツと積み上げて信用を得てきたひとびと。社会を良くしようと必死に行動してきたひとびと。嘘が許せないひとびと。そんなひとびとが追い詰められて、いのちを絶つ以外に選択肢がなくなり突如この世界から消えてしまう。そのようなひとびとをわたしは何度も見てきた。みんなわたしの友だちだった。わたしの横にいてくれて、わたしを支えてくれた大切な友だちだった。ユダもそのようなひとびとのひとりだったのではないか。ましてやイエスよ、ユダはあなたが選んだ弟子、あなたの活動を最後のギリギリまで支えていた大切な弟子だったではないか。

残酷にも、教会の歴史と伝統はユダに裏切り者のレッテルを貼りつけ極悪人とした。しかたない、世間とひとの評価などそのようなもの。でもイエスよ、世間とひとの評価、そして罪を打ち破るのがあなただ。あなたがユダを救いに行って欲しい。地獄に落ちているのであれば、この一回の過ちを赦しもう一度迎えに行って欲しい。あなたが選んだ弟子のひとり、そして彼はあなたの友だちなのだから。

そのころ、イエスを裏切ったユダは、イエスに有罪の判決が下ったのを知って後悔し、銀貨三〇枚を祭司長たちや長老たちに返そうとして、「わたしは罪のない人の血を売り渡し、罪を犯しました」と言った。しかし彼らは、「我々の知ったことではない。お前の問題だ」と言った。そこで、ユダは銀貨を神殿に投げ込んで立ち去り、首をつって死んだ。祭司長たちは銀貨を拾い上げて、「これは血の代金だから、神殿の収入にす

るわけにはいかない」と言い、相談のうえ、その金で「陶器職人の畑」を買い、外国人の墓地にすることにした。このため、この畑は今日まで「血の畑」と言われている。こうして、預言者エレミヤを通して言われていたことが実現した。「彼らは銀貨三〇枚を取った。それは、値踏みされた者、すなわち、イスラエルの子らが値踏みした者の値である。主がわたしにお命じになったように、彼らはこの金で陶器職人の畑を買い取った」。

《マタイ福音書27・3―10》

#21

内輪に嫌われ、アウェイに愛される

《ルカによる福音書四章二〇―三〇節》

わたしがイエスのファンである理由は、内輪で群れたり媚《こ》びたりせず、徹底的にアウェイのひとびとに向かっていくその生き様にある。イエスは自ら「わたしは囲いの外にいる羊たちも導かなければならない」と語ったように、自分のセイフティゾーン、コンフォートゾーンを飛び越え、これまでの宗教者たちが絶対に交わることのなかった税金取り、詐欺師、娼婦、病人たちのために時間とエネルギーを費やした。「救い主であるわたしは罪人を招くために来た」と語り、アウェイ、そして社会の闇、タブーの中に踏み込んで行った。

そして牧師とはこのイエスの後についていく生き方をする者だ。クリスチャンもこのイエスの生き様についていく者だ。だが残念ながら既存のキリスト教会は往々にして内輪向きで、すでにそこに安住しているひとびとのためのコミュニティーになっている。『外のひとびとを招こう！』「社会に出ていこう！」とスローガンを打ち立てはするものの、それを実践している者はほぼいない。教会の外へ向かうと内輪のひとびとに徹底的に批判されるからだ。

だが実際に自分や教会を支えているひとびとは内輪のひとびと。ないがしろにしてはいけないし、またそうはできない。家族のように濃い関係性がそこにはある。そして身内と同じように外のひとびとも大切にしようとすれば、両者の間に立たされどっちつかずになり、こころは両方向に引き裂かれる。そこには大きな孤独がある。

そしてそのような孤独を支えてくれるのは、究極の孤独をまとったイエスの姿だ。地元の内輪のひとびとの反感を買って殺されそうになりながらも、「預言者は故郷では歓迎されないものだ」と孤独に去って行くこの姿だけがわたしを励ましてくれる。

キリスト教会では「預言者は自分の故郷では歓迎されない」というこのイエスのことばは、地元ナザレのひとびとがイエスを理解しなかったと教えられていることが多い。でもよくよくこの物語を読んでみると、地元民がイエスに対して理解不足だっただけではない。そうではなく、イエスも内輪のひとびとを挑発し怒らせてしまっている。

それは会堂で礼拝が行われている最中だった。多くのひとびとが、イエスがこれまでやってきた奇跡を見て、そこで語られる神の国について耳を傾けた。皆はその姿に固唾《かたず》を飲み、威厳を感じていた。幼かったイエスが成長し、立派な預言者、偉大な指導者のようになった姿を目の当たりにしていた。

その瞬間、ある村人が何気ない一言を言い放った。「なんだ、あれは大工のヨセフのところの息子だろ。あんな立派な説教して、病人なんか癒したりしているけど、あれはあそこの大工の家のヨセフのところの息子じゃないか？」

ここナザレはイエスの故郷。イエスがまだ小さかった時から、家族のように接してきた村のおじさんやおばさん、そして幼なじみもたくさんいた。弟や妹のように共に育ってきた仲間や友だちがそこにはいた。良くも悪くも村の濃い人間関係があったに違いないが、それでもイエスは地元ナザレを愛していたと思う。

イエスはきっと地元ナザレでこそ奇跡を起こしたかったと思う。ずっと闘病していたあのおじいちゃんを癒したい。生まれつき足が不自由で、皆に馬鹿にされていたあの友の足を癒したい。村で一番貧しい、あのひとの家を助けたい……。人間、村人でもあった神の子イエス。地元民の苦しみや貧しさは誰よりも知っている。そして、彼らこそまず救いたいという想いがあったはずだ。そんな想いがこの礼拝でことばになり、今こそイエスは彼らを癒そうとしていたのかもしれない。

けれども、そんな刹那《せつな》に放たれた一言が礼拝に怒りと分断を招く。「なんだ、でもあいつはあそこの大工ヨセフの息子じゃないか」。言われたイエスは激怒する。きっとイエスは宣教の旅で肉体的にも精神的にも疲れ果てていたのだと思う。宣教の旅が始まってイエスは民衆から「預言者だ」「先生だ」「新しい王がやってきた！」といろいろな期待を背負わされ続けてきた。

でも、本当のイエスの姿は村人に伝わっていたのだろうか。救い主と担ぎ上げられるも、手のひらを返され、罪人とされ、十字架で殺されるイエス。そのような悲愴な使命を背負いながらも一人の血の通ったこころを持ったナザレのイエスの想いを村人は理解していただろうか。もしかしたら、イエス自身も幾重にも存在するさまざまな「自分」を理解し受け止め切れていなかったのではないだろうか。

究極の使命と孤独を背負い、押しつぶされそうなこころをイエスは身内のひとびとにこそ分かって欲しかったのではないか。もし地元の村人たちが「イエス、何があっても地元の私たちはあなたを支えるから、何でも言ってくれ！」「俺たちは大丈夫だから、苦しんでいるひとびとが多い他の村へどんどん行ってくれ！」そのような暖かなことばをかけてくれたのであれば、これほど心強いことはなかったのかもしれない。

けれども礼拝でこだましたことばはそうではなかった。「なんだ、あれは大工のヨセフのところの息子だろ」。身内から発せられた何気ない一言だった。保守的な村社会で一人目立っているイエスへの嫉妬、妬み、ひがみもあったかもしれない。家族のように最大の応援をくれるはずの身内は、往々にして行く手を阻み、足を引っ張る集団にもなる。

そのようなさまざまな負の想いを宿した一言はイエスの逆鱗に触れ、張り詰めていた孤独と緊張の糸が切れ怒りにまかせてことばを放った。「預言者は故郷では歓迎されない。よその村カファルナウムでいろいろと私が奇跡を起こしたことをお前ら聞いているだろう。

そしてここ地元のナザレでも同じことをしてくれと思っているかもしれない。だけども私はここでは何にも奇跡は起こさない！　身内になんて何もしない！」

侮辱された、と村人たちの怒りは爆発する。暴動が起きる。イエスにつかみかかり、会堂から連れ出し、村のはずれの崖からイエスを突き落として殺そうとする。気がつけば、礼拝の場から崖っぷちに追いやられていた。最愛の昔の仲間のまなざしが、殺意と敵意の視線に変わる。保守的なコミュニティーの排他性、真の姿がここにある。

イエスよ、あなたは不器用だ。もう少し言いようがあったはず、もう少しうまく立ち振る舞い、波風立てないことだってできたはず。でも、あなたはそれをしない。いや、あなたはそんなことができないし、そもそもいやなんじゃないか？　八方美人で皆から好かれることなんて望んでもいなかったのではないか。

そして、あなたは何も言わずに逃げ出すように故郷ナザレから去っていく。再び他所の村カファルナウムに戻っていく。ナザレよりももっと貧しく、病んだひとびとがいる場所に戻っていく。苦しみを生きているひとびとの元に進んでいく。そこだけが自分の居場所、と言わんばかりに。そしてあなたはさらなる孤独の道を進んでいく。行き先は、見捨てられひとり孤独に処刑されるゴルゴタの十字架の丘だ。ナザレの崖から十字架のゴルゴタの丘へ。

イエスよ、あなたの後ろ姿はなんと悲しみに満ちていることか。その孤高さのゆえに誰もあなたについていけない。でもわたしはあなたのそのような後ろ姿をずっと見ている。今日も見ている。

イエスは巻物を巻き、係の者に返して席に座られた。会堂にいるすべての人の目がイエスに注がれていた。そこでイエスは、「この聖書の言葉は、今日、あなたがたが耳にしたとき、実現した」と話し始められた。皆はイエスをほめ、その口から出る恵み深い言葉に驚いて言った。「この人はヨセフの子ではないか」。イエスは言われた。「きっと、あなたがたは、『医者よ、自分自身を治せ』ということわざを引いて、『カファルナウムでいろいろなことをしたと聞いたが、郷里のここでもしてくれ』と言うにちがいない」。そして、言われた。「はっきり言っておく。預言者は、自分の故郷では歓迎されないものだ。確かに言っておく。エリヤの時代に三年六か月の間、雨が降らず、その地方一帯に大飢饉が起こったとき、イスラエルには多くのやもめがいたが、エリヤはその中のだれのもとにも遣わされないで、シドン地方のサレプタのやもめのもとにだけ遣わされた。また、預言者エリシャの時代に、イスラエルには重い皮膚病を患っている人が多くいたが、シリア人ナアマンのほかはだれも清くされなかった」。これを聞いた会堂内の人々は皆憤慨し、総立ちになって、イエスを町の外へ追い出し、町が建っている山の崖まで連れて行き、突き落とそうとした。しかし、イエスは人々の間を通り抜けて立ち去られた。

《ルカ福音書4・20―30》

THRIE THEATER
THRIE THEA

#22

クリスマスはキリストが死んだ日

《ルカによる福音書二章一―七節》

毎年やって来るクリスマス、わたしは毎年何とも言えない虚しさを感じている。言うまでもなく、クリスマスはイエス・キリストの誕生を祝う日であり、クリスチャンでないひとびとを教会に一番呼びやすい時でもある。毎年、教会の座席いっぱいにひとが集まるが、それと同じだけクリスマスと教会について知らないひとびとに出会う。「え、クリスマスに教会行っていいのですか？　教会って、クリスチャンしか入れないのかと思っていました！」と、先日もあるひとに言われ、改めて現実を目の当たりにした。

はっきり言う、これはキリスト教会の責任だ。キリスト教会がちゃんと社会にメッセージを届けられていないからに他ならない。それればかりではなく、クリスマスが何の日かさえ社会に伝わっていない！　数年前、「イースターの本当の意味を牧師さんに語って欲しい」という依頼を受け、民放ラジオでイースターについて語った。「毎年春にやって来るイースターは、キリストの復活を祝う日なのですよ」と語ると、お相手のパーソナリティーが、「なるほど、すると冬のクリスマスはキリストが死んだ記念の日なのですか？」と、真顔で問いかけてきたのだ。

「なめてんのかお前っ！」と叫びたかったが、公共の電波の手前、「いえいえ、クリスマスとはキリストが生まれたお祝いの日なんですよー！」と、得意の偽善パワーでその場を乗り切った。だが、またしても気がついた。はっきり言う、世のひとびとが無知なのではない。教会と牧師が、伝わることばと方法で世界に発信できていないことが原因だ。

クリスマスを「キリストが死んだ日」にさせないために、わたしは今日も全力でイエスについてストレートに語る。お祝いの時であるクリスマスに、消えてしまいたいくらいに苦しんでいるひとびとのために、イエスを全力で届けたい。

一昨年、わたしはこれまでのクリスマスの理解を根底からひっくり返される経験をした。それは、とあるキリスト教保育園でイエス誕生のクリスマス劇を見た時のことであった。いつもと同じストーリー、「救い主イエス様が生まれてよかった。みんなでお祝いしましょう。クリスマスおめでとう！」。エンディングで、そう皆で声を合わせ拍手で終わるお決まりの劇のはずだった。だが、この年の劇は特別だった。

ナレーターの男の子が聖書のルカによる福音書二章を読み上げたのだが、緊張のあまり泣き出してしまい、涙声で聖書を読んだのだ。「ところが（シクッ）、彼らがああ……（ウッ！）ベツレヘムにいるうちに（シクシクッ）、マリアは月が満ちて（ウッウッ！）、初めての子を産み……布にくるんで（シクッ！）飼《か》い葉桶《ばおけ》に（シクッ！　シクッ！）、寝かせた……。宿屋には（ウッ……）、彼らの（ウッ……）、泊まる場所が（シクッ！）、なかったからである……うわーん！（涙）」。今まで何百回と当たり前のように読んできたこの一節。

だが、男の子の涙の朗読は、わたしを二〇〇〇年前のベツレヘム、本当のクリスマスの世界に連れて行った。

聖書が伝える「宿屋には彼らの泊まる場所がなかった」というくだりをわたしはこれまで、ベツレヘムは住民登録で訪れたひとたちが多くて、宿屋は予約でいっぱいで、マリアとヨセフが泊まる場所がなかったけれども、親切なひとが馬小屋を貸してくれた。そこでマリアはイエスを産んだと理解していた。そう教えられ、そう信じ、そうひとに教えていた。キリスト教で最も大切なクリスマス。なのにわたしは、固定観念を刷り込まれ、思考停止になり、そのままひとにそれを伝えていたのだ。

「宿屋には彼らの泊まる場所がなかった」。なぜ彼らには場所がなかったのだろうか？　たとえ二〇〇〇年前であったとしても、今から子どもが生まれるという若い母親を助けないなどということがあろうか。たとえ宿屋に一室もなかったとしても、玄関でも納戸《なんど》でも廊下の端っこでもお産ができるような場所を誰かが用意するはずだ！　誰かが絶対助けるはずだ！　でも、ヨセフとマリアにはその場所がなく、誰も助けてくれなかったのだ。なぜだろう。

その訳をこの男の子の涙の朗読が教えてくれた。マリアがいよいよイエスを産むとなった時、ヨセフは迷っていた。結婚前で性交渉をしていないのに妊娠しているマリア、そしてそのお腹の中の子は救い主だという天使のお告げを信じきれなかったのではないか。信じられなくて当たり前だ。他人事《ひとごと》やおとぎ話なら信じるふりはできる。けれども、そのようなありえない話の当事者にあなたがなったならば、信じられるだろうか？

住民登録に行き、マリアの大きなお腹を指差され、「お前たちはまだ婚約中なはず！そのお腹の中の子どもは何だ！」と聞かれたのであれば、それは破滅をもたらす。婚前交渉はおろか婚前の妊娠は大罪であり、石打ちの死刑にさえなるのだ。実家の両親にさえ秘密を打ち明けられず、大きなお腹を隠しながら住民登録に向かったのかもしれない。

当然、ヨセフには確信などなかったはず。誰に何を聞かれても、「これは私の婚約者、お腹の子は神の子です」などと言えるはずがない。誰も信じてくれるはずがないのだ。そのような後ろめたさ、確信のなさから、ヨセフはマリアの出産がはじまっても、片っ端から宿屋の扉を叩いて、「誰か助けて！　私の妻を助けて。わたしの子、神の子が生まれるんです！」と叫べなかったのではないだろうか。

ヨセフはＳＯＳが出せなかったのだ。最後まで自分も極限の悩みのなかにあってその時を迎えてしまったのだ。

今の時代でも、複雑な事情を誰にも話すことができず公衆便所などで産まれるいのちがある。誰にも伝えることができずに、コインロッカーに幼いいのちが入れられる事件がある。いつの時代でも生まれる前から、生まれるその瞬間から居場所がないいのち、行き場所のない親がいる。そしてはじめてのクリスマス、神の子イエスそして母マリアも父ヨセフも究極の居場所のなさのなかにいたのではないだろうか。

その只中で、マリアは陣痛の苦しみの声を上げはじめる。もうどうしてよいか分からず、何も信じられず、這うようにして隠れるようにしてやっとたどり着いたのが馬小屋、飼い葉桶だったのではないか！

クリスマス、イエスは馬小屋、飼い葉桶に生まれた。それはロマンティックな出来事ではないし、聖なる貧しさなどの美談でも何でもない。誰にも言えない、誰も守ってくれない、そのようなやるせなさの中に人知れず世界の救い主が生まれたのだ。

小さな子どもの涙の朗読が、わたしにそのことを教えてくれたのだ。クリスマス、それは居場所のないひとびとの物語である。しかも神から大きな使命を委ねられたひとびと、そして神の子イエス自身に居場所がなかったという悲しみの物語である。そして今日も物理的に精神的に居場所を失い限界まで追い詰められてひとびとがいる。「誰か助けて！」の一言を発することができないほどに追い詰められているひとびとがいる。自分で気がつかないだけで、それはあなたかもしれない。もしそうならば、そのような場所にこそイエスがやってくるとわたしは信じている。

約二〇〇〇年前、極限の中でイエスが生まれた。最初に抱き上げたのはヨセフだ。不安と疑いと絶望に押しつぶされかけていたヨセフが生まれたばかりのイエスを抱き上げたのだ。そして、神の子イエスのその小さな小さな手がヨセフに触れた時、ヨセフの中で何かが大きく動いた。

小さな小さなイエスの手は世界を変えることができない。小さな小さな身体のイエスはヨセフとマリアに守ってもらわなければ生きていくことさえできない。けれども腕の中の小さなイエスはヨセフの中の何かを救った。ヨセフの目からは涙が流れていたのではないだろうか。

わたしは言う。クリスマスはキリストが死んだ日ではない！ クリスマスは約二〇〇〇年前に遠い外国でキリストが生まれた日でもない。ＳＯＳを出せないほどに追い詰められているあなたの苦しみの中に小さな小さな救い主が宿る日なのだ。

そのころ、皇帝アウグストゥスから全領土の住民に、登録をせよとの勅令が出た。これは、キリニウスがシリア州の総督であったときに行われた最初の住民登録である。人々は皆、登録するためにおのおの自分の町へ旅立った。ヨセフもダビデの家に属し、その血筋であったので、ガリラヤの町ナザレから、ユダヤのベツレヘムというダビデの

町へ上って行った。身ごもっていた、いいなずけのマリアと一緒に登録するためである。ところが、彼らがベツレヘムにいるうちに、マリアは月が満ちて、初めての子を産み、布にくるんで飼い葉桶に寝かせた。宿屋には彼らの泊まる場所がなかったからである。

《ルカ福音書2・1―7》

#23

神から逃げられない
——パンデミックの中の渡米

《出エジプト記一四章一五—二二節》

二〇二〇年という年は世界の歴史に刻まれる年になった。新型コロナウイルスが世界中で大流行し、グローバル化した資本主義経済が麻痺した。経済だけではなく、ひとが移動することや集まるという人間の人間らしさまでもが停止させられたのだ。そしてこの大逆境、荒波の中で、わたしは一四年間働いた新宿の教会の牧師を辞してアメリカに渡った。長年願ってきた、アメリカの病院で病やトラウマ、そして死にゆくひとびとに寄り添う病院牧師（チャプレン）の働きをするためである。

国内の移動はおろか、日常の買い物までが制限されるステイホームの中で、国外への移動など可能なはずはなかった。多くの国際便は運休となり、各国が外国人の入国を制限し始めた。そして、さらに逆風は激しさを増していった。あっという間にアメリカはコロナ感染者数世界一になり、外務省からは渡航中止勧告が出た。

誰がどう考えても、このような時期にアメリカになど渡れるはずはない。オリンピックさえ延期になる中で、わたしがアメリカになど行けるわけがない。でもわたしは諦めなかった。これはわたし個人の夢や願望ではなく、神に行けと命じられた道だからだ。わたしは障がいを持つ妹が集中治療室で危篤になった時に、駆けつけてくれた牧師の姿を見て牧師になる決意をした。そして病院で死を前にしているひとびとのために祈る牧師、チャプレンになることはわたしの使命、その道を深めるためにアメリカに行くのだから絶対大丈夫、と何とか自分に言い聞かせ続けた。

そして先が見えない不安の中でわたしを支えたのはやはり聖書だった。まさに政治的大混乱の中、疫病やさまざまな事件が巻き起こる中、何十万というひとびとを引き連れエジプトを脱出し、約束の地を目指すモーセの物語に自分を重ね合わせた。子どもの時に純粋な気持ちで教会に通っていた時のわたしに戻っていた。朝に夕に聖書を読み、何も疑いなく全力で神を信じようとしていた。いや信じるしかなかった。

けれども、あっという間にその信仰と希望は小さくなっていった。なんとわたしが行くミネアポリスで黒人市民が警察に殺されるという事件が起こり、街で大暴動が起き警察署が焼かれ街中が破壊されはじめたのだ。絶望的なニュースだけでなく、周りのひとびとが毎日のように語りかけてくる「今、アメリカ大丈夫なの?」「今は渡米しない方がいいよ」という声がさらにわたしを不安にさせた。

このような逆風の中で何度も延期になり飛行機のチケットは五回もキャンセルした。本来は二〇二〇年五月にアメリカに行くはずだったが、六月にすべての望みを破壊するかのような出来事が起きた。アメリカ経済と雇用を守るためにトランプ大統領が留学、研修、就労ビザなどの発給を中止し、厳しい入国制限を大統領令として発したのだ。もちろんわたしのビザもその大統領令に該当していた。

わたしの願いは完全に砕け散った。涙を流して泣いた。このために一四年間も働き、二年間準備をし愛し続けた教会を辞めて、教会住宅からも退去していたのだ。

疫病、経済崩壊、アジアンヘイト、暴動、大統領令、わたし個人の力ではどうにもできない絶望の行き止まりだった。わたしは声を出して泣いた。そして神に思いっきり怒りをぶつけた。「ふざけるな！　あなたにずっと仕えて、あなたの声に従って、安定や肩書を全部捨てて旅立とうとしたのにこの仕打ちか！」

だがその時、神と聖書を捨て去りたいこの空しさの中、エジプトからの大脱出のリーダーに選ばれたモーセの不安と怒りがわたしのこころに未だかつてない勢いで迫ってきたのだ。モーセは強大な国家権力や疫病、さまざまな災いが巻き起こる中で不可能な使命を神に託される。その絶対的不可能な使命を前にモーセは何度も神に反抗した。「無理です！　できるわけがないじゃないですか！」「わたしにはできません！　他のひとを選んでください！」と。

それでもモーセは神に説得され、不安に押しつぶされそうになりながらエジプトから脱出を試みる。だが何十万人という老若男女を引き連れて行く無謀な脱出劇、はじめから無理なのだ。あっという間に馬車で追いかけて来たエジプト兵たちに追いつかれる。真っ暗な砂漠の中で道は絶たれ、モーセは絶望する。「神よ！　だから無理だと言ったではないか！」「あなたの民、この何十万のいのちはどうなるんだ！　わたしのいのちはどうなるんだ！」と。

だがその時、神はモーセの不安を激しく叱責する。「なぜ、わたしに向かって叫ぶのか。イスラエルのひとびとに命じて出発させなさい。杖を高く上げ、手を海に向かって差し伸べて、海を二つに分けなさい。そうすれば、イスラエルの民は海の中の乾いた所を通ることができる」と。

東京から出発できないでいたわたしも小さなモーセだった。目の前の現実に絶望し、神さえももう信じられなくて、行く手が完全に絶たれ、元の生活に戻ることもできず、小さな部屋の中で何もなす術のない、完全にお手上げの状態だった。だがその時、目の前に突如道が開けたのだ！　絶体絶命のはずだったアメリカ行きのビザが有効になったのだ。急いで六回目の飛行機の変更をして、誰もいない空港を突っ切ってガラガラの飛行機に飛び乗った。そして何とかアメリカに着陸はできたが、果たしてこの状況下で入国審査をパスできるのか。強制送還も覚悟していた。そして最後の関門、入国審査ゲートにたどり着いた。脂汗が体中に滲《にじ》んでくる。もうただの紙切れになったとさえ思っていたビザを審査員に手渡す。審査は何と二分で終わった！　本当にあっという間に逆風が止み、目の前の壁が消え去った。閻魔大王に見えた審査員は、鼻歌を歌いながら笑顔で入国許可のスタンプを押してくれた。バガンッと荒れ狂った海は真っ二つに分かれ、一本の真っすぐな道がわたしの前に現れた。そしてわたしはその道を全力で駆け抜けたのだ。

わたしが悩み足掻《あが》き絶望を繰り返してきた二年間に対して、神が用意したのはものの二分、たった二分だったのだ！　もしかしたら神はわたしにははじめから道を開いていたのに、わたしのこころは逆風や不安の嵐に支配され目の前の道が見えていなかったのだ。

自分がちっぽけすぎて笑えてきた。必死に握りしめていたちっぽけな自分の計画や願い、それはもう最初から全部手放すしかなかったのだ。そう、はじめから何もつかめないのだ。何も持たずに生まれ、何も持てずに死んでいくいのち。プライドも財産も将来の夢さえも！　だから神の約束だけを握りしめ天に手を挙げたモーセのように、わたしは天に手を挙げるしかない！　英語の“Give up!”は「降参」「お手上げ」を意味するが、それは「Give＋up!（できないことを天に任せる）」という意味でもある。

まさに、絶望の行き止まりの海の前で手を挙げたモーセ、逆風の湖の中でおぼれてイエスに手をつかまれ引き上げられたペトロ、そしてこんなわたしも今日、神にイエスにこの手をつかまれている。もう神にすべてを任せるしかないのだ。「なぜ疑ったのだ！」「わたしが必ず一緒にいると言っただろう！」。何度も聖書の中で繰り返される「恐れるな！」という神のことばがわたしの魂を貫く。まさに神の光が闇を貫くのだ。聖書の最初のページ、真っ黒でドロドロなカオスの中で光が輝いたように、その光は今日も激しく鋭くわたしの道を切り開いていくのだ。

これまでわたしは神に全力で抵抗し疑ってきた。この理不尽な世界で今日も苦しみ、神に感謝などできない日々が続いていた。はっきり言えば今もそうだ。自分の苦しみ、家族の痛み、生活の不安、この不安な時代の荒波の中で光など見えない。まったく見えない。けれども行き詰まるたびに、絶望するたびに、なぜかそこに十字架のイエスがいるのだ。そしてどんなに耳をふさごうとも、目をそらそうとも、神の声、光につかまってしまうのだ。そして結局はわたしは神にしがみつき、この神に救われてしまっているのだ。これがわたしの現実、わたしの信仰、そしてわたしと神の関係なのだ。

主はモーセに言われた。「なぜ、わたしに向かって叫ぶのか。イスラエルの人々に命じて出発させなさい。杖を高く上げ、手を海に向かって差し伸べて、海を二つに分けなさい。そうすれば、イスラエルの民は海の中の乾いた所を通ることができる。しかし、わたしはエジプト人の心をかたくなにするから、彼らはお前たちの後を追って来る。そ

のとき、わたしはファラオとその全軍、戦車と騎兵を破って栄光を現す。わたしがファラオとその戦車、騎兵を破って栄光を現すとき、エジプト人は、わたしが主であることを知るようになる」。

イスラエルの部隊に先立って進んでいた神の御使いは、移動して彼らの後ろを行き、彼らの前にあった雲の柱も移動して後ろに立ち、エジプトの陣とイスラエルの陣との間に入った。真っ黒な雲が立ちこめ、光が闇夜を貫いた。両軍は、一晩中、互いに近づくことはなかった。モーセが手を海に向かって差し伸べると、主は夜もすがら激しい東風をもって海を押し返されたので、海は乾いた地に変わり、水は分かれた。イスラエルの人々は海の中の乾いた所を進んで行き、水は彼らの右と左に壁のようになった。

《出エジプト14・15―22》

エピローグ　今日も地獄の真ん中で泣いて、少し笑う

今日もひとりのコロナ患者が目の前で息をひきとった。四六歳の黒人女性。彼女には夫と娘三人がいる。先週まで家族団欒一緒に食卓を囲んでいた。ささやかな幸せが一瞬で奪われ、家族は引き離された。コロナ隔離病棟は家族たりとも入れない。だから病院牧師、チャプレンであるわたしが彼女の最後を看取ったのだ。その最後の様子を待合室にいた家族に伝えるのもわたしの役目でもあった。彼女が亡くなったことを聞いた夫は突如わたしに摑みかかってきた。「神がいるならなぜ、わたしの妻を奪うんだ！」。三人の娘たちも激しく泣きじゃくっている。「なぜだ！　なぜだ！　なぜ神は妻を癒してくれなかったのだ！」。夫は持って行き場のない怒りをわたしにぶつけてきた。

わたしの足も震える。この夫を怖がっているのか、それとも自分が信じ続けている神がこの現場では全く無力に感じる虚しさからか、それとも両方か。けれども震える足で立ち、夫の震える手を持ってわたしは答えた。「分かりません……、こんなに苦しくて、こんなにも悲しい状況をゆるすなんて、神が本当にいるのか、わたしにも分かりません。そして神がいるのであればわたしも神に怒りたいです。なぜ、こんな悲しみを赦すのか！」

と。胸ぐらを摑んでいた夫はその手を離し、その手でわたしを抱きしめわんわん声をあげて泣き出した。わたしも男を抱きしめながら一緒に泣いた。

また別の日にわたしは子どもの精神科病棟に向かった。個室には塞ぎ込んだ一〇代の女の子が座っている。青色に染まった髪の毛、レインボーカラーのマスク、そして腕には無数のリストカットの跡がある。父親から性的虐待を受け極限にまで追い詰められていたのだ。そんな親が行っている教会が大っ嫌いで、そしてそのような彼女を理解してくれる教師や友だちがいない学校に行くことを彼女はやめていた。そして自殺未遂。しかもSNS、インスタライブで自分の自殺の様子を中継しようとしていたのだ。そんな彼女に牧師服、脇に分厚い聖書を抱えたわたしが近づいても拒絶されるだけだ。偽善が全く通用しない世界、残酷な現実を生きる目の前の人に対してわたしは聖職者の鎧《よろい》を脱ぎ捨てる。「教会嫌いなんだ？　実は俺、教会の牧師やってるけど本当に教会ってつまんないよね～」。本心をストレートに伝える。彼女は驚きつつ「あなたはクールだね！」と少し笑ってくれた。そして彼女と病棟のティーンエージャーたちと日本から持ってきたゲーム、黒ひげ危機一発で盛り上がる。

『天国なんてどこにもないよ』。この本のタイトルは、聖職者らしからぬものに聞こえるかもしれない。だが聖職者こそ言い切らなくてはならない。わたしの目の前の現実は地獄のようだ。パンデミック、殺人、暴力、差別に満ち溢れている。それに目を伏せて、見たくないものに蓋をして「神さまはあなたを愛していますよ」「この試練の向こうに恵みがあるはずです」など、キリスト教会お決まりのフレーズは全く助けにならない。救いなき絶望、光なき終わり、答えのない理不尽な世界に立ち続けるのが聖職者ではないか。そしてその最前線で神に怒り、神を見失い、大失敗してそれでも悲しむ者と立ち続けるのが牧師ではないかとわたしは信じている。

この本に記したわたしのことばはその闘いの中で絞り出したことばだ。あえてキリスト教の専門用語や宗教界の偉人のことばなどを一切使っていない。この世界の地獄でそれでも生きるひとびとの魂の真ん中に届けたいからだ。キリスト教の伝統的理解にてらしあわせるのであればこの本の中でわたしの言っていることは間違いだらけだろう。だが、間違いだらけでも目の前の現実の中でキリストと格闘しつつ紡ぎ出したわたしの真実であればそれでよい。

不思議なものでキリスト教界という場所は保守的で内輪向けの組織である。伝統から外れ、その内輪から外の世界に向かおうとする者は激しく批判される。この十数年間、嫌というほど批判され、こころが病みそうな日々もあった。けれどもわたしはこの生き方、そしてその格闘の中でことばを絞り出すことを止めない。批判され、葛藤し、苦しむほど、キリストのことばがリアルに聞こえてくるからだ。聖書の中でファリサイ派と呼ばれる者たちがイエスに質問した、「神の国はいつ来るのですか?」と。

イエスは答えた。「神の国は、見える形では来ない。『ここにある』『あそこにある』と言えるものでもない。実に、神の国はあなたがたの間にあるのだ」

キリストは宗教の権威者たちに「神の国はあんたたちには決して分からないし、見えもしないのだよ! そうでなくてあなたたちの間にあるのだよ!」と言った。あなたたちとは不治の病に感染し隔離された者、娼婦、税金取り、罪人、社会から隔絶され見下されているひとびとのことだろう。神の国、天国、云々語ってないでこの世界の地獄に行き、そこで人々と出会って来いというキリストの挑戦状でもある。だからわたしは今日もそこに挑む。アメリカの病院の床で患者の家族と抱き合って泣き、閉鎖病棟のテーブルの上でこどもたちとゲーム黒ひげ危機一発をして盛り上がる。天国なんかどこにもない、ただ今日も地獄の真ん中で泣いて、少し笑うのみだ。

「神の国は、見える形では来ない。
『ここにある』『あそこにある』と言えるものでもない。
実に、神の国はあなたがたの間にあるのだ」。

《ルカによる福音書一七章二〇―二一節》

あとがき

「関野牧師、答えを出すのではなくて、悩んだままでメッセージを語ってくれませんか」。キリスト教放送局日本FEBCのディレクター長倉崇宣さんより提案され、二〇一八年に二六話シリーズで語った同局のラジオ番組「イエスにもっとぶつかる」が、この著作のベースになっている。牧師は世の中の真理を聖書と共にひとびとに教える存在と思われている節がある。だが世間のイメージと実際の自分の姿のギャップの中でわたしの魂は窒息しそうになっていた。そして自分がひとびとに語っている聖書のメッセージと目の前の現実世界との矛盾が耐えきれなくなっていた。だからこそ、「悩んだまま語って欲しい」と言われたことはわたしにとって大きな救いになった。最初は受け入れられるか心配だったが、赤裸々に疑いと不安をむき出しにした聖書のメッセージを心待ちにしてくれているひとびとがいることを知り、わたしに勇気を与えてくれた。

そして二〇二〇年春、わたしはアメリカに渡り病院聖職者チャプレンの仕事をするために一四年勤めた教会を辞し住宅からも退去していた。その最中にコロナパンデミックが世界を襲った。瞬く間に国境閉鎖、ビザ停止、相次ぐ飛行機の欠便。渡米は絶望的になった。

仕事も家も無くなっていたわたしは失意の底にいた。その最中にこの著作の新たな書き下ろしメッセージを書いていた。まさに目の前の現実を前に神を疑い、神に怒り、神を見失いながら、それでも神に喰らいつき、ことばを絞り出していった。そして奇跡的に渡米が叶って、わたしはコロナ病棟担当チャプレンになり、壮絶な闘いの日々が始まった。本書の約半分は毎日のコロナ室での仕事が終わってから書いたものだ。

また、出版元の教文館もコロナパンデミックの中で大きな試練の中にあったはずだ。伝統ある同社でわたしのような者のメッセージ集を出すことは大きな決断が必要であったと思う。その中でプロジェクトを推し進めてくれた倉澤智子さん、奈良部朋子さん、森本直樹さんに感謝を伝えたい。またラジオ放送の文字起こしをしてくれたサポーターのひとびと、そしてわたしのスタッフのコトハさん、タスクさんがいてくれたからこそ本書を完成させることができた。また、信じられないことに本書の装幀を担当してくれた桂川潤氏の訃報が今日届いた。本書の表紙が氏の遺作となってしまった。本当にこの一冊には皆の魂が込められている。

コロナウイルスの感染は収まりつつも、コロナショックでアメリカ社会の格差はさらに開き、ここミネアポリスの街、そしてわたしが働いている精神科病棟内でも職を失い、住処を失ったひとびとが叫び声をあげている。犯罪件数も激増、今晩も銃声とサイレンが街に響き渡っている。これから始まろうとしている闇の時代の到来を告げているかのように。
もう一度言う、天国なんてどこにもないよ。でもこうして混乱の世界の中でこのような素晴らしい仲間たちがいるなら、小さな天国をつくりあげることができるはずだ。

二〇二一年七月

ミネアポリスより
関野和寛

初出一覧

プロローグ　書き下ろし
＃1　「もっとイエスにぶつかる」第1話
＃2　「もっとイエスにぶつかる」第24話
＃3　「もっとイエスにぶつかる」第23話
＃4　「もっとイエスにぶつかる」第26話
＃5　書き下ろし
＃6　書き下ろし
＃7　書き下ろし
＃8　「もっとイエスにぶつかる」第18話
＃9　書き下ろし
＃10　書き下ろし
＃11　「もっとイエスにぶつかる」第11話
＃12　「もっとイエスにぶつかる」第5話
＃13　「もっとイエスにぶつかる」第4話
＃14　「もっとイエスにぶつかる」第12話
＃15　書き下ろし
＃16　書き下ろし
＃17　書き下ろし
＃18　「もっとイエスにぶつかる」第21話
＃19　書き下ろし
＃20　「もっとイエスにぶつかる」第19話
＃21　「もっとイエスにぶつかる」第14話
＃22　「もっとイエスにぶつかる」第22話
＃23　書き下ろし
エピローグ　書き下ろし

「もっとイエスにぶつかる」は、キリスト教放送局日本FEBCにおいて放送されたものである。本書に収録するにあたって大幅に加筆・修正を加えている。

キリスト教放送局日本FEBC
AMラジオ　1566kHz（毎日21:30〜22:45放送中）
インターネット放送　www.febcjp.com（24時間聴取可能）

著者紹介

関野和寛（せきの・かずひろ）

1980年東京生まれ。青山学院大学国際政治経済学部卒業、日本ルーテル神学校卒業、香港ルーテル神学校宣教牧会博士課程修了、牧会宣教学博士。2006年より14年間ルーテル東京教会の牧師として働き、2020年コロナパンデミックの中渡米。アメリカ、ミネソタ州アボットノースウェスタン病院チャプレン（病院聖職者）として、主にコロナ病棟や精神科病棟で人々の魂に寄り添う（2021年7月現在）。ロックバンド牧師ROCKSリーダー。趣味キックボクシング。

ライブ＆講演依頼（オンライン可）は pastor69@yahoo.co.jp

著書・作品

『すべての壁をぶっ壊せ！――Rock'n 牧師の丸ごと世界一周』（日本基督教団出版局、2018年）、写真家緒方秀美×牧師関野和寛イスラエルフォトメッセージブック『ROCKERS OF THE HOLYLAND』（キリスト新聞社、2019年）、『神の祝福をあなたに。――歌舞伎町の裏からゴッドブレス！』（日本基督教団出版局、2019年）、CD『狂った世界にゴッドブレスを。』（2020年）。

◎本書収録写真　著者撮影による（カバー, 161頁をのぞく）

天国なんてどこにもないよ――それでもキリストと生きる

2021年8月30日　初版発行

著　者　関野和寛
発行者　渡部　満
発行所　株式会社　教 文 館
〒104-0061　東京都中央区銀座4-5-1
電話 03(3561)5549　FAX 03(5250)5107
URL http://www.kyobunkwan.co.jp/publishing/
印刷所　モリモト印刷株式会社

配給元　日キ販　〒162-0814　東京都新宿区新小川町9-1
電話 03(3260)5670　FAX 03(3260)5637

ISBN 978-4-7642-6157-0 C0016　Printed in Japan